中国式规矩

雷子◎编著

了解中国人的人情世故
洞悉中国人的处事艺术

插画珍藏本

为人处世有教养

1. 居家规矩 百善孝为先
2. 外出规矩 谨慎有教养
3. 宴请规矩 吃饭有学问
4. 待客做客 言行要恭敬
5. 处世规矩 社交有情商

天津出版传媒集团
天津人民美術出版社

图书在版编目（CIP）数据

中国式规矩 ：为人处世有教养 / 雷子编著. -- 天津 ：天津人民美术出版社，2024.5
ISBN 978-7-5729-1586-4

Ⅰ. ①中… Ⅱ. ①雷… Ⅲ. ①人生哲学－通俗读物 Ⅳ. ①B821-49

中国国家版本馆CIP数据核字(2024)第097873号

中国式规矩 为人处世有教养
ZHONGGUO SHI GUIJU WEIRENCHUSHI YOU JIAOYANG

出 版 人：杨惠东
责任编辑：刁子勇
助理编辑：孙 悦
技术编辑：何国起 姚德旺
出版发行：天津人民美术出版社
社 址：天津市和平区马场道150号
邮 编：300050
电 话：(022)58352900
网 址：http://www.tjrm.cn
经 销：全国新华书店
印 刷：三河市恒彩印务有限公司
开 本：690毫米×960毫米 1/16
版 次：2024年5月第1版 第1次印刷
印 张：11.25
定 价：58.00元

序言

没有规矩，不成方圆

俗话说“没有规矩，不成方圆”。什么是规矩？通俗来讲，就是人们的日常行为规范，是做事有原则、有分寸，做人有底线、有教养、有礼仪。

人生在世，修身养性，治理家庭，与人交往，在外办事，处处都离不开规矩。规矩，内化于心，是自己的修养；外化于行，是对他人的尊敬与关怀。中国人的规矩，往往体现在生活的方方面面、点点滴滴，如居家、出行、言谈、仪态、聚餐、处世、庆贺等，都有一些约定俗成的规矩。

一个懂规矩的人，内心有别人，不会让别人感到难堪，不会给别人添麻烦，不会让别人受到委屈，更不会让别人讨厌。跟这样的人交往，会让人感到如沐春风，一言一行都让人感觉舒服。

事实上，生活中的种种规矩，都是通过具体的礼仪细节来体现的。如：孝顺父母，平日要和颜悦色，不能冷言冷语；迎接客人时要仪容整洁，不可邋里邋遢；借别人钱要及时归还，特殊情况要提前打招呼，让对方知道你没有忘记；聚餐时，要懂得座位次序，区分主宾；有人夹菜时，不能随意转桌；别人打电话要及时接听，打错电话要道歉；朋友之间交往要讲信用、互相尊重，不背后议论朋友是非，等等。细节决定成败，从某种意义上来讲，守不守规矩，是为人处世最基本的礼仪教养，也是决定一个人能否成功的重要原因。

所以说，规矩，是我们一生的必修课。一个人要想成功，就需要守规矩，一个家庭或一个家族想要兴旺发达，更需要立规矩、守规矩。一个不守规矩的人，在他人眼中就是不断挑战底线、破坏秩序的人，一旦底线被触及，秩序被破坏，不仅影响人际关系，还可能带来十分严重的后果。

我们知道三国时诸葛亮挥泪斩马谡的故事，马谡正是因为不守规矩才兵败被斩。诸葛亮出兵北伐曹魏。马谡主动请缨，并立下军令状，表示如果自己不能完成任务，愿依军法处置。然后，诸葛亮便命令马谡带兵去占领军事要塞街亭，一再嘱咐马谡：“街亭虽然是弹丸之地，却是通往汉中的咽喉，一定要坚守住！一定要在靠近水源的地方安营扎寨！”但马谡刚愎自用、不守军规，自作主张将大军驻扎在远离水源的街亭山上。手下将领劝他一定要按照诸葛亮的部署去做，但马谡不以为然，依然我行我素。曹魏名将张郃趁机派兵切断水源，切断粮道，将马谡的部队围困于山上，然后放火烧山。马谡的军队饥渴难忍，军心涣散，无心御敌，便不战自乱，最终丢了街亭。诸葛亮的原有计划被打乱，不得不被迫退回汉中。班师回朝后，虽然马谡是诸葛亮非常看重的人才，但诸葛亮为严明军纪，挥泪将马谡问斩。

可见，从某种意义上来讲，守规矩是做人做事的底线。而底线，很多时候也是安全线、警戒线。懂规矩、守规矩，恰恰是明事理，辨是非，知进退，能审时度势，言有所止，行有所止。

为此，我们编撰了这本《中国式规矩：为人处世有教养》，本书继承了传统的礼仪规矩，又融合了新时代的行为规范，提倡的规矩以“礼”为内容，以“德”为精神，教人们如何在自己的一言一行中彰显良好的教养，使不同群体之间相互敬重、相互理解、求同存异、和谐相处，教父母如何从细节处落实门风家教，使夫妻和睦、父慈子孝、兄宽弟让、家庭幸福。

雷 子

写于 2024 年 2 月 3 日

目录

contents

居家篇

家规，一个家庭的无价之宝

外出篇

外出慎为本，举止有规矩

宴请篇

吃饭看人品，餐桌见修养

待客做客篇

言行恭敬，来而有往

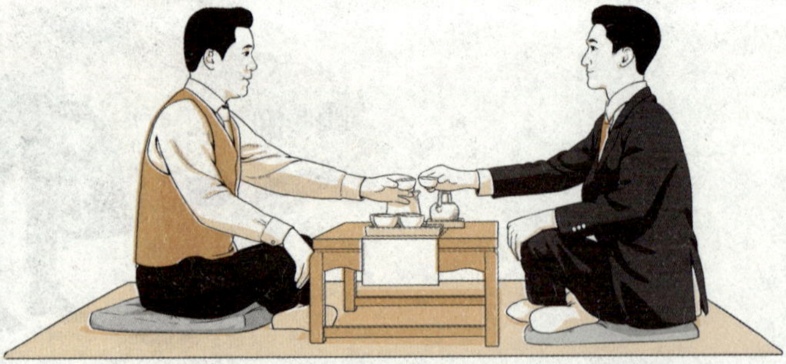

处世篇

心中有规矩，行为定方圆

居家篇

家规，一个家庭的无价之宝

JUJIAPIAN

家风，人生成长的规矩

家风，又叫门风，是指一个家族经过几代人的治理和文化熏陶，而形成的家族风气、风格和风尚，直接反映一个家族或家庭的精神面貌、道德品质、处世方式、审美取向和价值准则等，这些就构成了一个家族或家庭的特色。家风是人生成长的规矩，也是一个家庭最宝贵的精神财富。

家风以一种看不见、摸不着的风尚习气，以一种隐性的形态，存在于家庭的日常生活之中，这个家庭成员的一言一行、一举一动，都体现了这样一种习惯。

家风是一个中性的概念，就像我们说校风、班风一样，不能说校风或班风，就是好的风气。所以，家风有好坏之分、高下之别，并不都是值得弘扬的。好的家风需要弘扬，不好的家风，那就要改良了，像“门风不甚修洁”“家风衰损”这样的说法，就是指家风不良。

家风一旦形成，也就转化成了教化的资源。晋代史学家袁宏在《后汉纪》中提出“**有家风化导然也**”，意思是说“家风”的作用是“教化引导”，即教育引导整个家庭里的人。

家风好、家风优良，自然会引导这个家庭走上正道，蒸蒸日上；家风差、家风不好，自然会引导这个家庭走向衰落，甚至走向灾难。

蔡元培在《中国人的修养》里写道：**“家庭者，人生最初之学校也。一生之品性，所谓百变不离其宗者，大抵胚胎于家庭中。”**可见，家风对一个人的成长至关重要。这就是古人说“**德泽源流远，家风世泽长**”的深意。确实，好的家风，能够荫泽后人、光耀门庭，对后代子孙产生深远的影响。

所以，自古以来，人们非常崇尚家风家训，注重家风家训对子孙的影响，把良好的家风家训，作为每一位家庭成员的行为规范和做人标准。

西汉史学家司马谈认为，孔子过世后的四百多年间，诸侯兼并、史记断绝，当今海内统一，有许多明主贤君、忠臣义士等事迹。而自己作为一名太史令，却不能完成这一使命，内心十分不安，因此他时常引导儿子司马迁对史学的兴趣，并在他临终时，特别嘱咐儿子，希望儿子能继承父亲的遗志，撰写一部史书。

司马迁谨遵父命，忍辱负重，最终写出《史记》，被誉为“史家之绝唱，无韵之离骚”。

正是司马迁秉持家父著史不辍的良好遗风，才让他做出巨大的贡献而名垂青史。

家风是一个家族世代相传的传统风尚，属于精神力量。作为一种无言又无痕的教育，良好的家风以“润物细无声”的方式，时时刻刻都在净化我们的心灵、提升我们的生命价值、塑造我们的人格。而良好家风的形成，必须依赖充满正能量的家训。家训是一个家族修身立业的道德规范，属于规章制度。家风是长期被家训教化后的结果，这是家训和家风的因果关系。

好家训形成好家风，好家风成就好家庭。所以，我们一定要树立良好的家风。而家风的形成，就要从点点滴滴的家训、家规入手。

家庭要美满，须建立良好的规矩

《韩非子·解老》云：**“万物莫不有规矩。”**人生在世，与人交往，修身养性，处处都离不开规矩。世界上的一切事物，都必须按照一定的规矩，各就各位，有序运行，万物才能和谐。中国有句俗话：**“没有规矩，不成方圆。”**——如果家庭中没有规矩，人人都各行其道，就会混乱不堪，成为一盘散沙。所以，中国人治家，首先要求家人要有规矩、懂规矩、守规矩。

《钱氏家训》是五代十国时期，吴越国国王钱镠（liú）留给子孙的精神遗产，更是留给每个中国人的治家宝典。《钱氏家训》有言：**“欲造优美之家庭，须立良好之规则。”**这句话的意思是说想要营造幸福美好的家庭，必须建立良好的规矩。

为什么规矩是家庭美满所必需的呢？

因为一个家庭要想长久地保持兴旺繁盛、团结和睦，就必须管理有道，尤其是人口众多的大家庭。人多，事就多，矛盾冲突也多，如果没有一个统一的规矩和治家原则，即使积累再多的财富、拥有再高的地位，最终也会分崩离析、衰落败亡。

这就是**“国有国法，家有家规”**的深意。所以，明朝大文学家、散文家、思想家方孝孺在《家人箴》中说：**“敬兹天秩，以保室家。”**意思是：“恭敬地按上天安排的秩序，以保全自己的家庭。”方孝孺已经把规矩推崇到“天秩”的地位，是立家保家的根本。

因此，几千年来，中国人十分注重家庭治理，并将这门治家的学问称之为齐家，也是治国、平天下的基础。所以，无论是名门望族还是小门小户，在管理家庭的时候，都会遵循一定的治家原则——规矩。

规矩，从某种意义上讲，就是一个标尺，可以明确测量每一个家庭成员的得失。因此，有规矩的家庭，家里的尊长才能严于律己，给家人做出良好的表率；有规矩的家庭，家里的子孙才能获得良好的教养，一言一行都有准则，不胡作非为、任性乱来；有规矩的家庭，平辈之间才懂得以礼相待，夫妻、兄弟姐妹之间才会互相敬让、和睦相处。

所以，中国人在立家治家的时候，非常重视树立家规。

清代名臣曾国藩非常重视家规建设，我们在《曾国藩家书》中看到他这样谆谆叮嘱夫人：“夫人率儿妇辈在家，须事事立个一定章程。居官不过偶然之事，居家乃是长久之计，能从勤俭耕读上做出好规矩，虽一旦罢官，尚不失为兴旺气象；若贪图衙门之热闹，不立家乡之基业，则罢官之后，便觉气象萧索。凡有盛必有衰，不可不预为之计。望夫人教训儿孙妇女，常常作家中无官之想，时时有谦恭省俭之意，则福泽悠久，余心大慰矣。”

曾国藩所说的立章程，就是让夫人立个规矩。虽然夫人是家里的长辈，但对儿子、儿媳等晚辈的约束和教育，也不能随心所欲、以势压人，而是要先立个治家规则，让家庭所有成员，包括夫人自己，都要按章行事、有规可依，这样才容易治理好家庭，也能公平处事、以理服人，达到良好的教育效果。

今天的社会，多数家庭为小家庭制，虽然结构不同，社会背景和文化不同，但依然需要一套规矩作为家庭行为准则，保证子孙健康成长，保证家人和睦幸福，保证日常生活井然有序，保证家族团结兴盛、延绵不绝。

这个规矩，就是传统文化中常说的家训。

家规，比留给子孙财产更宝贵

东汉思想家王符在《潜夫论·务本》中说：**“贤人智士之于子孙也，贻之以言，弗贻以财。”**意思是说贤明者与有智之士留给子孙有教益的话，而不是留给他们财产。王符主张，有教益的语言比财产更宝贵，“贻之以言”中的“言”，就是家规。

道理很简单，没有良好的家规保家，留给子孙再多的财产也会败光。

所以，在中国，先贤在家庭治理过程中制定了各种“规矩”，作为兴家、保家之道。

什么是家规？家规就是父祖长辈，对子孙后代制定的教育大纲和行为规范，以立身处世、居家治生的指导原则为主要内容。

家规又称家训，包括家规、家诫、家书、家法、家约、家范、家箴、家政、家训等形式。因传统社会主张男女有别、严父慈母，所以家庭治理的重要责任，一般由男人承担，因此家训大多出自严父之手，也有的出自慈母之口，所以又称慈训、母训等。有些家规是父祖长辈在临终之前做出的，这样的家规多会带有一个“遗”字。

从内容上来说，家规分为两个方面：一是看重子弟的道德修养，一是如何居家治生。此外，家规当中还有很多是关于家族内部事务的管理。

从形式上来说，家规也分为两种：一是以口传形式的训诫，一是以文献形式的规条、箴言等。

我国历史上最早的一批家规，都是口传形式的训诫活动。

《诫伯禽书》记载，西周初年，周公告诫赴鲁国任职的儿子伯禽，说："有德行的人不怠慢他的亲戚，不让大臣抱怨没被任用。老臣故旧没有发生严重过失，就不要抛弃他。不要对某一人求全责备。有德行的人即使力大如牛，也不会与牛竞争力量的大小；即使飞跑如马，也不会与马竞争速度的快慢；即使智慧如士，也不会与士竞争智力高下。德行广大者，以谦恭的态度自处，便会得到荣耀。土地广阔富饶，用节俭的方式生活，便会永远平安；官高位尊而用卑微的方式自律，你便更显尊贵；兵多人众而用畏怯的心理坚守，你就必然胜利；聪明睿智而用大智若愚的态度处世，你将获益良多；博闻强记而用肤浅自谦，你将见识更广。你上任去吧，不要因为鲁国的条件优越而对士骄傲啊！"

无独有偶，《论语》记载，春秋时，孔子看见经过庭院的儿子孔鲤，问他"学诗乎""学礼乎"，又告诫他"不学诗，无以言""不学礼，无以立"。后世把孔子在庭院中对儿子的教诲，称为"庭训"，也可以说是家训。

这两个例子历来被认为是古代家规的源头。

后来，北朝颜之推，北宋的司马光，南宋的朱熹、陆游、袁采，明代的方孝孺、杨慎、傅山、张履祥，清代的焦循、曾国藩等都传有家规，他们的后代繁衍久长，这些家规的社会影响也十分久远，在中国历史上对个人的修身、齐家都发挥了重要作用。

良好的家风、美满的家庭都源自健康的、积极向上的家规家训，所以，宋代文学家楼钥在《送元积弟赴永嘉酒官》中有言**"兄弟凋零期自勉，只将家训作青毡"**，意思是说兄弟应该相互勉励，将家训珍藏起来，传于后代。

千百年来，家规家训是家族绵延不断、代代相传的价值基因，是中华文化的微观积淀，影响着每一代人的成长，关系着一个家族的荣辱兴衰。

居家，要保持内外整洁

中国有句俗语叫作：**“财不入脏门，福不润浊人。”**自古以来，中国人就十分注重家庭环境的整洁。

《治家格言》又称《朱子家训》，是明末清初的儒生朱柏庐所著。《治家格言》开篇就告诫子孙：**“黎明即起，洒扫庭除，要内外整洁。”**意思是说每天天刚刚亮就要起床，先洒水打湿厅堂内外的地面然后扫地，使厅堂内外整洁。

在治家方面，这句话有多个含义，其中重要一点就是，要做好家里的环境卫生。

古人扫地之前，必先泼水净院，减少尘土，然后才能扫地。今天的建筑材料先进，粉尘少了，大都不用洒水了。但扫除的目的——“内外整洁”，这四个字千万不要小看，这不仅能让居住环境变得整洁有序，还能让人因此而精神百倍。

《钱氏家训》有言："**欲造优美之家庭，须立良好之规则。内外六闾（lǘ）整洁，尊卑次序谨严。**"这句话的意思是说想要家庭幸福，就必须建立良好的家规，家庭的里里外外，都要干净整齐，长幼尊卑的次序，也一定要严格遵守。可见，钱氏也将良好的环境卫生当成家庭幸福的要素。

房子的干净程度，最能暴露一个人的生活态度，更能体现一个家庭的精神面貌和兴旺衰败之气。所以，林则徐在《训子汝舟》中这样训诫子孙："**书案上诗文乱堆，不好收拾洁净，此是败家气象。**"意思是说书案上诗文书稿胡乱堆放，不喜欢收拾得干净整洁，这是败家的气象。房屋整洁明净，家庭

自在和睦，福气便会不请自来。

明代万历年间，福建巡抚庞尚鹏在《庞氏家训》中特别提到，内外房堂、门巷桌椅，必须每天扫除拂拭，保持洁净。如果污秽不堪，归整无序，就是“衰家之兆”。

老舍年幼时，父亲去世，家中的重担全都落在母亲身上。

尽管如此，母亲仍会把家里打扫得干干净净，破裂的桌子上一尘不染，残缺的铜器擦得锃亮。就连院子里的花花草草，也能得到悉心浇灌，开出美丽的花朵。

这一切，都被老舍看在眼里，他感受到了生命的力量，生活的希望。

从此，他常常帮母亲取水，与母亲一起打扫，慢慢地养成了踏实严谨、细致入微的性格，使得他在那个艰苦的环境里，依旧不畏艰辛，努力奋进，最终成为一代大家。

干净整洁的家，让人心情愉悦，心态乐观，也能让人安静下来，对生活充满希望。

而凌乱的家，让人精神倦怠，内心浮躁不安，对生活十分沮丧。正所谓：**“家有净气，福气自来。”**想要家道旺盛，先从打扫房间开始，房屋干净，人心安宁，好运自然会来。

总之，一个家庭的面貌，并不仅仅是房子、家具这样的物质概念，而是这些物质背后传达的一种精神力量。一个井然有序、干净整洁的家，会让全家人感到身心舒畅、信心满满、神清气爽。

天道酬勤，家道兴旺要靠勤

中华民族自古以来就是一个勤劳的民族，古代先哲们为我们留下了许多至理名言，诸如**“天道酬勤”“一勤天下无难事”“一日之计在于晨，一年之计在于春，一生之计在于勤”“勤能补拙”**，等等，这些都是对勤劳最好的诠释。

这些经典名言都告诉我们一个道理：生活的幸福，事业的成功，都源自勤劳。《周易·谦卦》中就说**“劳谦君子，有终吉”**，但凡巨大的成就，都不是瞬息可达，都需要付出极大的辛劳与汗水。所以方孝孺在《家人箴》中这样告诫家人：**“引卑趋高，岁月劬劳。”**意思是说从卑下变得高贵，需要长久的辛勤付出。

我们很多人总想人生崛起，希望家道中兴，但这样“引卑趋高”的逆袭，不是随随便便能得到的，需要辛勤付出。

明末文学家冯梦龙纂辑的白话短篇小说集《醒世恒言》中有句话叫：**“富贵本无根，尽从勤里得。”**意思是说富贵是不能生根自然生长的，都要从勤俭中才能得到。圣严法师说：**“逸乐并非幸福，逸乐惯了的人，越逸乐越觉不足，致使机能皆废，无事可做。人世间就因怠惰而令人毁心销骨，一切恶事皆由此生。”**人性的偏失，最需注意防范的就是逸乐。

勤为无价之宝，辛勤的劳动也是最好的富家之路。

曾国藩尤其重视“勤俭”，在曾氏家训中反复提到这两个字。在《曾国藩家书·致诸弟》中写道：**“勤者生动之气，俭者收敛之气。有此二字，家运断无不兴之理。”**意思是说勤是生动之气，俭是收敛之气。能做到这两个字，家运绝对没有不兴旺的道理。在曾国藩看来，“勤”可以从小到大、从无到有，是创立家业、家道兴旺的开始，所以，勤才是家庭富裕的法宝。

曾国藩又屡屡告诫子弟说：**“人而不勤，则万事俱废，一家俱有衰象。”**意思是说人如果不勤劳，事事都做不成，满家都是衰败之象。对于普通人来说，在现实的生活里没有太多的捷径，正所谓“一份耕耘，一份收获”。一个人的成功和家庭振兴，一定与辛勤付出成正比，投机取巧而获得的一些东西，只是暂时的运气而已，这样成功的几率也很小。这是天道。所以，古人教育子女，都非常注重对勤的培养，也是治家必守的原则。

俭以养德，节俭但不要吝啬

古人说：**“人无俭不立，家无俭不旺，国无俭必亡。”**节俭，看似是不起眼的小事，但能反映出一个人的德行修养，折射出的是一个家庭的精神面貌，甚至是事关国家前途命运的大事。历史反复证明，**“历览前贤国与家，成由勤俭破由奢”**。一个家庭乃至一个国家，要想兴旺发达、长久发展，任何时候都要牢记**“奢靡之始，危亡之渐”**的警示，绷紧节俭这根弦，让戒奢尚俭、勤奋进取成为家风。《易经·节卦》说：**“不节若，则嗟若，无咎。”**就是说度日不知节俭，就会后悔叹息。知道了这个道理，就没有灾祸。

可见，几千年来，节俭一直都为人们所推崇，认为它是持家、致富的良方，更是我们中华民族最优良的美德。

在现实生活中，节俭很容易被看成小气或吝啬，所以，有些人在待人接物的时候，宁愿浪费也不愿让人说自己小气。如请人吃饭，会点很多菜，哪怕是吃不完最后倒掉，也不想让客人说自己吝啬。

其实，节俭和小气是有天壤之别的。

节俭一般是指对自己不过度奢侈浪费，它实现的是物有所值、尽其所用，是一种珍惜、一种爱护、一种感人的朴实。虽然自己不舍得享用，可是当别人需要时，节俭的人会义无反顾地拿出来，一点不觉得心疼。而小气是指对财物的过分执着和爱惜，自己不舍得享用，更不会给别人用。小气的人，其全部的幸福和快乐，都建立在眼前所拥有的这些东西上，只是一味地拥有。《颜氏家训》这样区分节俭和吝啬：**“俭者，省约为礼之谓也；吝者，穷急不恤之谓也。”**意思是“节俭是指节约适度而且合乎礼制；吝啬是指对实在有困难、急需帮助的人也不救济”。《颜氏家训》还告诫子孙：**“如能施而不奢，俭而不吝，可矣。”**意思是说如果能做到愿意施舍而自己又不奢侈浪费，能做到自己节俭又不吝啬小气，那就非常好。

《颜氏家训》告诫颜氏子孙要节俭，但在待人方面，小气吝啬是一个不能触及的红线。如何让节俭不会发展到吝啬小气的地步呢？要“合乎礼制”，也就是说该要用的地方绝不省，该省的地方绝不铺张浪费。

清代进士，著名学者、诗家，人称“奇才子”的吴獬在《一法通》中说得更直接：**“居家不可不俭，待客不可不丰。”**意思是说居家过日子不能不节俭，招待客人不可以不丰盛。历史上有人就是这样去做的。

北宋的李沆（hàng）被后世尊为“圣相”，他不仅在当时被世人称颂，还在南宋理宗时位列昭勋阁二十四功臣，康熙朝又将他列为从祀历代帝王的臣子之一。

身为一朝宰相，在当时，李沆是出了名的节俭。

李沆任宰相时建有一所宅子，装饰简朴，门前厅堂也很小，只够一匹马转圈子。有人说宅子太狭小简陋了，不符合他的尊贵身份，建议他建得豪华高大些。

李沆听了，笑着说：“房屋能遮风避雨即可，并且这个住宅是传给儿子的。这个宅子及厅堂作为宰相的办公官署，也许有点狭窄，但作为太祝、奉礼官的大厅，已经足够宽了。”

后来，其弟李维又劝其把房屋好好装修一下，或者干脆买一处上好的住宅。李沆说：“我食朝廷厚禄，经常还有皇帝的恩赏，完全可用以修理住宅。但佛家说，这个世界是有缺陷的，怎能求得事事圆满、处处如意呢？心满足即可。如果现在买一处新的住宅，须等上一年才能修缮好，人生早晚都没法保全，又怎么能长久居住呢？鸟在林中树枝上做个窝，姑且可满足，干吗非要住华丽的房屋呢？作为宰相，应该把精力放到国家治理上，让更多的老百姓生活富裕，不应该想着自己的享受。”

一次，皇帝有急事派人召李沆进宫，使者在酒楼找到了他。

来到宫中，皇帝问李沆从哪儿来的，李沆老老实实地说是从酒楼来的。

皇帝问道：“你以节俭而闻名，为什么不在家吃饭而到酒楼里去呢？”

李沆答道：“因为我家里没有多余的器皿和菜肴，客人来了，要热情相待，所以就到酒楼去了。”

这就是节俭而不吝啬的李沆。原本生活节俭的他，却破例去酒楼招待客人，这是因为他明白“**居家不可不俭，待客不可不丰**”的道理。当然，虽然“待客不可不丰”，但也要掌握一个度，不能为“面子”而“丰”。正如本文开篇所说，请客吃饭，点了太多的菜肴，以至于吃不完而丢掉，这就是浪费了，这样的“丰”也是不可取的。

所以，节俭更多地体现在自己所用、家人所用上面。对待自己节省是美德，但对待他人不可以吝啬，尤其是别人有急难之事，需要自己帮助时，这时“节俭”是不可取的。

正道取财，拒绝“不义之财”

我们生存在这个世界上，自然是离不开衣食住行的，而有些东西需要金钱来换取，说得直白一点，人活着离不了钱这个必需的“工具”，但是，获取钱财的方式不能违背原则。那怎么样才算是不违背原则呢？《增广贤文》有言：**“君子爱财，取之有道。”**意思是说君子只要正道得到的财物，不要不义之财。在《孔子家语》中，就记载了“孔子不受禄”的故事：

> 孔子谒见齐景公，齐景公很欣赏他的学说，想要将廪丘邑赠给孔子作为供养之地。孔子拒绝领受。回到住处以后，孔子对弟子们说：“我听说君子以功劳进行奖赏，凭功劳接受赏赐，如今我游说齐君，齐君不采纳我的主张，却赏赐我封地，他实在是太不了解我孔丘了。”于是便离开了齐国。

孔子“**无功不受禄**”。在孔子眼里，“无功之禄”也是“不义之财”，所以拒绝领受，这也是对“君子爱财，取之有道”

的坚守。

在古代，不仅像孔子这样的“圣人”有“君子爱财，取之有道”的觉悟，哪怕是普通人，在对待财富时也秉持这个原则。在北宋司马光创作的家教课本《家范》中就记载了一个“田母训子”的故事：

齐国相国田稷子收受了下属黄金百镒（yì），回家交给他的母亲。

他的母亲说：“作为臣子而不忠诚，就是作为儿子而不孝顺。这些不义之财，我不要。你这不孝之子，也不是我儿子。你走吧！”

田稷子十分羞愧地离开了家，将那一百镒金子还给原主，自己到齐宣王那里去认罪，请求伏法。

齐宣王欣赏他母亲的深明大义，于是就赦免了田稷子的罪过，让他仍任原职，而且还赏赐金子给他的母亲。

田稷子的母亲称**“不义之财，非吾有也”**，其实是教育田稷子应该做到拒收贿赂，这种不取不义之财的做法，值得我们赞赏和学习。这个故事足见古人对“不义之财”的摒弃态度和对“君子爱财，取之有道”财富观念的尊崇。

“君子爱财，取之有道”，在获取财富时，“无道”之财可能是多种多样的，但是有道只有一条，那就是不论是通过哪种方法，我们都必须靠自己的双手，用自己的辛勤劳动获取财富，而不能试图通过做一些不遵守法纪、不符合道德伦理的事来获得财富。

日常需有储备，以应不时之需

在中国古代社会，自给自足的农耕经济占重要地位，而传统经济的主要来源是农业，且社会生产力水平低下，经济发展水平不高，这就导致家庭经济的基础十分脆弱，家庭收入来源匮乏，抵制各种灾害的能力比较差。因此，中国人特别崇尚节约、杜绝浪费，其本质的目的是节余财物，节约消费，因为只有在日常无事时有所储备，才能够应付以后的不时之需。司马光在《司马温公家训》有言：**“常须稍存赢余，以备不虞。”**意思是说，经常保持略有节余，以防备不测之事的发生。

曾国藩在给家人的书信中说：**“须略积钱，以备不时之需。”**又谆谆告诫家人，**“尔辈以后居家，……本月用毕，只准赢余，不准亏欠。”**这样的持家理念，深深影响了曾氏后人，曾国藩的侄媳妇刘鉴，生长于书香门第、官宦世家，幼时受过良好的家学教育，诗词文赋、琴棋书画均有涉猎，享有才女的美誉。刘鉴三十岁时，主动承担起曾氏“敦德堂、

奖善堂”几房子孙教育的重任，深得家公曾国荃的赞许。她在继承曾国藩、曾国荃家训主旨的基础上，根据时势的变易和曾氏后裔的实际情况，编撰了《曾氏女训》作为家庭女子教育的教材。刘鉴在《曾氏女训》中有言：**“善治家者，今岁预储来岁赋；不善治家者，寅年支过卯年粮。”**意思很明显，这里再次提出储备是善于治家的体现。所以，“储蓄观念”也反映了中国人的人生观和治家原则，无论是曾氏这样的富庶之家，还是普通的工薪阶层，在平时都应多积攒一些钱储蓄起来，以备不时之需。

其实，中国人储备的观念由来已久，早在两千多年前的

《礼记·王制》中就有记载：**“国无九年之蓄，曰不足；无六年之蓄，曰急；无三年之蓄，曰国非其国也。三年耕，必有一年之食；九年耕，必有三年之食。以三十年之通，虽有凶旱水溢，民无菜色，然后天子食，日举以乐。”**意思是说国家的物资储备，不够九年用就是不富足，不够六年用就会告急，不够三年用就不成为国家了。耕种三年，一定要有一年的余粮。耕种九年，一定要有三年的余粮。以三十年收入的平均数来编制预算，即使遇到水旱凶荒的年头，老百姓也不至于饿肚子。

从这里我们可以看出，储备是关系到一个国家生存发展的重大问题。国是大的家，家是小的国，其道理是相同的。所以，中国历代家训作者充分认识到储备对家庭的重要意义，并经常告诫子孙：家庭的收入，不能全部消费了，要留余一部分作为储备。

现代社会物质极大丰富，又深受西方消费观念的影响，处处提前消费，事事信用消费，不注重储蓄，所以很多年轻人挣多少花多少，成为“月光族”和“月光之家”，甚至“寅年支过卯年粮”“债台高筑”，这样的持家之道是需要我们反思的。

总之，现代人一定要明白：适度储备，以备不时之需。这是我们的优良传统，也是中国人的规矩，我们一定要继承发扬。

孝顺父母，和颜悦色很重要

曾子说，孝子养老，要使父母内心感到快乐，不违背他们的意愿，娱乐他们的耳目感官，使他们起居安逸，在饮食方面要悉心照料，直到孝子生命结束。所谓“终身”孝敬父母，并不只是说终父母一生，而是终自己的一生。凡是父母所爱所敬的人，自己也要爱和敬，即使对犬马也都如此，何况对于人呢？中国传统教育的“教”字，就是“孝”文化的推广，由孝敬、感恩父母推广到天下万物。所以说，孝是仁爱之根本。一个对父母都不能有仁爱的人，岂能善待他人？所以，孝敬父母不仅是作为儿女应尽的本分，也是在提高自己的修养，培养自己的仁德。

现在很多年轻人忘记了对父母的孝敬，处处以自我为中心，要求父母对自己无微不至地照顾，自己却从不考虑报答父母的养育之恩。不关爱父母，不赡养父母，不给父母好脸色，或者一连几个月不去看望父母……这些都是本末倒置的做法，也是不合规矩的事情。

孔子说，侍奉父母，能随时和颜悦色，让父母开心。仅仅是有了事情，儿女替父母去做，有了酒饭，让父母吃，难道这样就可以称得上孝了吗？就像《礼记·祭义》说的：**“孝子之有深爱者必有和气，有和气者必有愉色，有愉色者必有婉容。”** 在父母面前不可丧着一张脸，更不可出言不恭、随意顶撞，甚至恶言相加。无论我们处于顺境还是逆境，都应该在他们面前保持和颜悦色。要做到不与父母争吵，不惹父母生气，主动为父母做家务分担辛劳，让父母为自己的懂事和成长而开心。上学时好好读书，毕业以后好好工作，成家后夫妻和睦，不让父母操心，多给父母尊荣，多给父母留希望。孝敬父母是为人第一德，要时刻牢记在心并加以培养。

尊敬父母，从关心体贴开始

爱的基础是尊敬。尊敬父母，就是表达爱的最好方式之一。《论语》中说：**“今之孝者，是谓能养。至于犬马，皆能有养。不敬，何以别乎？”**我们要感恩父母日复一日、年复一年为自己的成长所付出的心血。我们要尊重父母的人生经验，听取不同的生命体悟，他们的处世之道有很多值得我

们学习的地方。当然，他们的认知也有局限，我们不一定全部听取，就像我们自身也有很多知识局限一样。俗话说：**“树老根多，人老话多。”**父母年龄大了，唠叨也就多了。所以，即使他们说得不对，我们也可以甄别吸收，不要随意粗暴地打断他们的话，或者对他们说的话不理不睬，或者对他们说的话嗤之以鼻、冷嘲热讽，失去敬重之心，这是不符合规矩的。

父母作为成年人，需要承受各种压力。例如，在工作中遇到了困难，和领导产生了矛盾，人情往来中有了麻烦等。他们也会感到疲惫不堪、心力交瘁，甚至会产生负面情绪，回到家里对家人发脾气。《论语》说：**“事父母几谏，见志不从，又敬不违，劳而不怨。”**作为儿女，要认识到自己一生下来就有穿、有吃、有住，是因为父母在辛苦地赚钱养家。父母不可能事事顺心，在烦恼时回家发发牢骚，作为儿女应该多点体谅；在意见产生分歧的时候，应该学会换位思考，多理解父母，不要执拗地去争辩，毕竟家里是讲情而非讲理的地方。另外，不要干涉父母的私事。父母有自己的社交圈和个人隐私，更有自己的思想感情，子女应体谅父母的难言之隐，不要追问自己不该问的事情。

而父母在生病期间，你能否细心照顾父母，以及自己的言行是否得体，更能体现中国人的规矩。

《论语》说：**“父母唯其疾之忧。”**关心体贴父母，尤其要留心他们的健康状况，这是对父母极大的照顾。对有病的父母，一定要悉心照料他们的衣食起居，随时嘘寒问暖，及时查看、询问父母有什么需求，给予他们更多的关爱。子女除了忙于自己的工作，还要多做家务，尽量减轻父母的负担，让父母享受清闲。此外，在父母生病期间，要忧心父母的健康，不要高声说话或吵闹，要把无关紧要的事情尽量推掉，全身心地照顾父母。这才是为人子女应该做的事情。

长辈有错，要正确对待

有些人觉得，长辈有错，长辈不贤明，不孝就理所当然——这是对孝行的错误理解。人非圣贤，孰能无过？我们自身没有错误吗？孝是晚辈应尽的义务，也是基本素养，和长辈的言行无绝对关系。就像父母疼爱儿女，不能因为儿女有错或不贤明，就不尽自己的抚养义务。正如孔子说，尽己为忠，宽人为恕，才是为仁之道。所以，中国人对待长辈的态度，也体现了孝道。

那么，面对犯错的长辈，晚辈怎么做才算是孝，才符合规矩呢？

《孝经》说：**“父有争子，则身不陷于不义。故当不义，则子不可以不争于父；臣不可以不争于君；故当不义则争之。从父之令，又焉得为孝乎！”**意思是说如果父亲有不义的行为，做儿子的不可以不去劝谏；如果君王有不义的行为，做臣僚的不可以不去劝谏；面对不义的行为，一定要劝谏。做儿子的事事听从父亲的命令，又哪里能算得上是孝呢！那么，做儿女的又该如何去劝谏父母呢？

《弟子规》说：“**亲有过，谏使更，怡吾色，柔吾声。**”意思是说如果父母或亲人有过错，要通过规劝使他们改正，规劝时脸色要温和，声音要柔和。在古人看来，父母或亲人有过错，晚辈要好言相劝，不能厉声指责。否则，就和孝道相悖。

闵损是孔子的弟子，德行与颜回并称，孔子曾赞扬他说：“孝哉，闵子骞！”

闵损生母死得很早，父亲娶了后妻，没几年又生了两个儿子。

继母经常虐待他，冬天给他穿用芦花做的冬衣，而他的父亲对此一无所知。

一天，闵损陪父亲出门办事，牵车时因天气太寒冷而全身颤抖，将绳子掉落在地上，遭到父亲的斥责和鞭打，芦花随着打破的衣缝飞了出来，父亲方知闵损受到虐待。

父亲气冲冲地跑回家里，要休逐后妻。

谁知闵损苦苦哀求父亲原谅继母，说：“留下母亲只是我一个人受冷，休了母亲三个孩子都要挨冻。”

父亲十分感动，就依了他。

继母听到闵损的话，悔恨交加，从此对闵损视如己出。

父母不是圣贤，也有做错事的时候，极端的父母还会为非作歹。这时候子女不能阿附曲从，陷亲于不义。正确的态度是什么呢？孔子的办法是“几谏”，意思就是不断地规劝父母改正错误。按今天的表达就是坚持原则，但有话好好说。

和颜悦色、轻声细语、委婉有致地劝解，动之以情，晓之以理，胁之以法，直到父母改邪归正，这就是《孝经》中提倡的“争子”。假如父母的言行举止有过失，子女不劝说，或者言辞狠毒、态度蛮横，也不能称为孝，因其违背了中国人的规矩。

轻视财物，孝顺父母不推诿

《弟子规》说：**“财物轻，怨何生？言语忍，忿自泯。”**人与人相处时，不能把钱财物资看得太重。人世间的很多矛盾，都是因为太重视物质，在面对财产时起纷争，彼此的怨恨就会产生。尤其是兄弟姐妹之间，因为是一家人，彼此交往密切，所以更不能把物质看得太重，否则一定会产生很多矛盾。

除了钱财，也要注意“言语忍，忿自泯”。一家人相处久了，在日常生活中，难免有语言不到、做事不妥的地方。这时，只要不是大是大非、原则性问题，忍一下，退一步，可能就过去了，千万不要为一点小事，非要在言语上争高下，在事情上辩对错。特别是那些心直口快的人，极容易说出伤

人感情的话。尤其需要注意的是，做父母的一定要以身作则。因为你的言语不忍，不仅让你和兄弟姐妹不和，也会影响你的孩子。这就是《颜氏家训》中说的，兄弟不和睦，子侄之间就不能互相友爱；子侄不能互相友爱，族里的子侄辈就会关系疏远。

孝顺父母是每个子女应尽的义务，这是基本的规矩。有的人只想回报不想付出，在孝顺父母问题上和兄弟姐妹讨价还价，表现得异常自私。他们内心深处存在攀比思想，遇到好事总想伸手捞一把，遇到义务就抱怨父母，抱怨兄弟姐妹，总觉得人人亏欠自己，总想把孝顺父母的事情推给兄弟姐妹，不愿意承担责任。面对生病或年老的父母，他们有时装聋作哑，有时表示自己无能为力，甚至为了逃避责任去指责或谩骂兄弟姐妹。这些表现不仅是违背礼仪的，也是非常不道德的。同时，万一有个别兄弟姐妹不太尽孝，自己也不要过于抱怨，试想：如果你是独生子，难道就不孝敬父母了吗？他们多多少少不是也在帮衬自己吗？如果兄弟姐妹是残疾人，你不是还要照顾他们吗？想到这些，你可能就安心很多了。再说，孝敬父母，首先尽到自己的心和力，不要与兄弟姐妹分高低，这也是礼仪修养。

兄弟和睦，家道兴旺，父母顺心

一家之亲，无非父子（包括母女），夫妇，兄弟（包括姐妹）而已。这三种至亲关系，历来被视为人伦之中最重要的关系，其中，尤以父子、兄弟关系，因血缘纽带的联结，被称为“天伦”，在传统的中国，更是受到特别的重视。相比于君臣、父子、夫妇、朋友关系而言，唯有兄弟自小“食则同案，衣则传服，学则连业，游则共方”，至背驼发白，终生相依，这是难得的世间人伦。

一个家庭力量的强弱，主要是体现在这三种关系上，特别是兄弟关系，对一个家族的发展更为重要。宋代词人叶梦得撰写的家庭教育读物《石林家训》中说：“**兄弟辑睦，最是门户长久之道。**”意思是说兄弟和睦，是实现家庭、家族长盛不衰的重要途径。

曾国藩在家书《禀父母》中告诫家人：“**兄弟和，虽穷氓小户必兴；兄弟不和，虽世家宦族必败。**”意思是说兄弟如果和睦，即使是穷困弱小的平民百姓之家也一定会兴旺；兄弟如果不和，即使是世宦家族也一定会败落。曾国藩深知兄弟

不和的害处，所以谨嘱父母要让自己和诸弟兄和睦相处。

曾国藩家族的百年兴旺与兄弟和睦的家风有很大的关系。家庭弟兄和睦友爱，兄弟之间愿意互相帮助，而不是互相仇视，这种家庭才具有强大的力量，所以会昌盛起来。

中国传统文化重视兄友弟恭，将其看作调节兄弟关系的伦理规范。

悌爱，是兄弟之间的一种道德观念，最根本的特征是兄对弟的逊让、爱护，弟对兄敬爱、尊重。明代诗文作家徐祯稷在《耻言》中说：**“事父母者莫善于顺，宜兄弟者莫善于让。故顺，孝之实也；让，友之本也。”**意思是说侍奉父母没有比顺从他们的意愿更好的了，兄弟和睦没有比互相谦让更好的了。因此，顺从，是孝敬的实质；谦让，是友爱的根本。的确，当哥哥姐姐的要对弟弟妹妹谦让、友爱，做弟弟妹妹的要对哥哥姐姐恭敬、顺从，兄弟姊妹和睦相处，一家人其乐融融，父母自然是看在眼里，喜在心间，就像《弟子规》所说的：**“兄道友，弟道恭，兄弟睦，孝在中。”**也就是说，“哥哥疼爱弟弟，弟弟恭敬哥哥，弟兄要是和睦，父母的心就顺了，孝道就在这里头。”这就是中国人的规矩，兄弟姐妹一定要遵守。

总之，兄弟姐妹一定要和睦相处，互相忍让，不可因为些许小事而起争执。正如古诗所说：**“同气连枝各自荣，些些言语莫伤情。一回相见一回老，能得几时为兄弟？弟兄同居忍便安，莫因毫末起争端，眼前生子又兄弟，留与儿孙作样看。”**

吃饭让长辈优先，时常感恩父母

中国人吃饭，不仅仅是填饱肚子而已，更是体现一种文化，是培养良好礼仪规矩的开始。正如《礼记·礼运》所说：“**夫礼之初，始诸饮食。**”所以，吃相不仅要雅观，不能抢着吃，更要懂得尊老让幼，请别人先吃，懂得尊敬与谦让。

《弟子规》讲道：“**或饮食，或坐走；长者先，幼者后。**”无论在家里吃饭，还是和别人一起吃饭，都要等到饭菜全部上桌，大家都坐下后，再一起用餐。一定请长辈先入座，并请他们先动筷子，自己再动筷子。如果能再为长辈盛饭，更说明你是一个有孝心、懂规矩的人。

在给父母长辈端饭时，要先将桌子擦干净，然后用双手恭敬地把饭菜放到他们的面前。另外，如果是父母给我们盛饭，一定要站起来双手接，并说“谢谢”。这些都是尊敬长辈、孝敬父母的实际行为，也是做儿女的基本礼仪规矩。

《童子礼》中说：用餐时，看到父母长辈喜欢吃哪道菜时，要自觉地将那道菜移到离他们较近的地方，以方便他们夹菜，这是孝敬父母长辈的具体行为。同时，《礼记·曲礼上》还说“毋固获”，就是说遇到自己喜欢吃的饭菜，如果把盘子据为己有独自吃，而不顾父母和其他人是否爱吃，这种行为是自私的表现，也是不符合规矩的。

对于父母，我们要常怀感恩之心。天大地大，不如父母恩情大，我们用什么来报答他们的生养之恩呢？很多人知道自己的生日，能记住好朋友的生日，甚至为自己或朋友开隆重的生日宴会，但往往忘记父母的年龄及生日，或者父母生日时，却没有任何祝福及具体表示，这样符合礼仪规矩吗？

《论语》说：“**父母之年，不可不知也。一则以喜，一则以惧。**”就是说，父母的年纪，不可不知道并且应该常常记在心里，一方面为他们的长寿而高兴，一方面又为他们的衰老而恐惧。孝悌是仁爱之本。对于生养我们的父母，如果不能常怀感恩之心并做出具体的孝行，甚至连他们的年龄及生日都不知道，又怎么能称得上懂礼仪、合规矩呢？

《弟子规》说：“**冬则温，夏则清；晨则省，昏则定。**”寒冬腊月天冷时，要想到父母的穿着、被褥是否温暖舒适；夏天天气炎热时，要想到父母白天工作、晚上休息时是否凉爽安宁；早晨起来，要向父母请安问好；晚上回家后，可将自己在外的情形略告知父母，使他们放心。这些虽是日常小事，但处处都表现出儿女的孝敬之心、知恩报恩之心。此外，如果在外地求学或工作，更要时时联系父母，一则让他们别太牵挂想念自己，二则了解他们的生活状况。这些都是做子女要懂的规矩。

外出篇

外出慎为本，举止有规矩

WAICHUPIAN

仪容仪表要得体，举手投足有规矩

出门在外，首先要注意自己的仪容，尤其是在现代社会的快节奏生活中，仪表仪容是否得体，会给人直接的形象判断，甚至定位一个人的素质高低。《童蒙须知》指出，一个人的容貌仪表，首先要端正整洁。从帽子、头巾到衣服、鞋袜，要保持干净整洁。要做到“三紧”：头紧，帽子、头巾要戴正扎紧；腰紧，腰带要束紧；脚紧，鞋带要系紧。三者都扎紧了，人的精神状态良好，才能表现出对人、对事的郑重。如果衣衫不整，“三带”即帽带、腰带、鞋带，松松垮垮，就显得懒散、漫不经心，既不尊重自己，也不尊重别人，是违背礼仪的。现在很多人不戴帽子、头巾，但头发一定要梳理整齐。穿衣不求华贵亮丽，但求得体、整洁、精神。

头部的姿态，既反映我们的信仰、意志及精神面貌，也是规矩的体现。如遇人相见时，我们头部的姿态就能体现是否有家教修养。《礼记·玉藻》中要求我们与尊长相处时，要“**头容直**”，就是头部要端正，不要东摇西晃。头直则心正意诚。反之，摇头晃脑则显得轻佻浮躁。因此，我们在见到尊长或客人时，不仅内心要恭敬，头部也要端正，胸部还要挺直，此为形神兼备，内外双修。

而面部表情，是人内心情感的外在表露，体现了人的内在德行。如何做才符合规矩呢？《礼记·玉藻》要求我们：见到尊长时，要“**色容庄**”。就是说神色要庄重稳健，温和恭敬，不傲不慢，不能面带倦色，面带倦色有懈怠之意；不能嬉皮笑脸，嬉皮笑脸有轻佻之嫌。这些行为都是违背礼仪的。此外，面由心生，在不同场合，应有不同的表情：如果参加丧事，必有哀痛的表情；如果参加喜事，必有喜悦的表情。

俗话说："眼睛是心灵的窗户。"眼睛不仅给我们带来了明亮的世界，还是我们表达情感的窗口。当我们面对尊长时，《礼记·玉藻》要求我们"**目容端**"，意思是目光要平稳、端正地注视对方，视线从容，不要斜视，以表示对人的尊敬。千万不要让眼神飘来飘去，或死盯着对方看，这是不礼貌的。此外，《礼记·曲礼下》指出，看人时，如果视线高于对方的面部，就像是在看天，会显得目中无人；如果视线低于对方的腰带，会显得过于自卑；如果眼睛左顾右盼，目光游移不定，则又显得心术不正。

行走的姿势也是一个人精神风貌的体现，所以《礼记·玉藻》要求我们与尊长相处时，要"**足容重**"，就是说走路时步履要稳健，不可蹦跳不定，脚不能抬得太高，脚步不要迈太大，这样才能显示出人的沉稳气质，也是对人对事恭敬的具体体现。否则，有趾高气扬之嫌疑。行走时，要上身端正，目视前方，两手于袖中，缓步徐行。迈步不要太大，走得不要太急，不要左右摇摆、晃动衣衫的裙摆，甩胳膊幅度不要太大，不要跳着走，不要左顾右盼地走，以防有差误。同时，走路时吹口哨、嚼食物，边走边看手机等行为，都是不雅观的，也不符合礼仪规矩。

我们不仅要"足容重"，还要"**手容恭**"，即双手举止要端庄，不要乱指乱动，要有恰当的姿势。而不同的礼节，双手都有相应的位置，例如，路遇尊长时，要恭敬地上前行礼问候，此时双手应叠放在身体前侧，双腿并立；如果接受别人礼物时，就要双手接过来；如果对方是捧着递送，我们就要把双手放在与心齐平的位置捧接礼物。切记：双手乱动给人轻佻的感觉，而把双手放在背后则显得傲慢，这些都是违背礼仪的。

此外，《礼记·玉藻》还要求我们见到尊长时，要"**口容止，声容静**"。"口容止"是告诫我们在正式场合，口不可妄动，尽量保持端庄、静止状态。例如，与人交谈、听课或接受嘉奖等严肃庄重的场合，要做到不撇嘴，不歪口，不嚼口香糖，不边吃零食边听人讲话。"口"保持静止，是内心恭敬的体现。同时，需要说话时，我们应该做到要言不烦、言简意赅，不要乱开口，不要东拉西扯、没完没了。既要保持"口容止"，也要讲究说话的内容和时机，避免言不切义、废话连篇。"声容静"是说，平日和尊长说话时，要做到轻声细语、和颜悦色。当然，如果是耳背的老人，声音又不能太小，以防对方听不清楚。"**言由心生，心由言修**"，心中时刻存着恭敬、尊重及感恩，才能做到说话从容，声调舒缓。

这些仪容要求，都是做人的基本规矩。

坐姿要挺直，站姿要优雅

古人说：**“坐有坐相，站有站相。”**这是形容一个人基本的修养风度。

凡是坐，上身要保持正直，合双手，收敛双脚，以示敬意。身体不可东倒西歪、前俯后仰或倚靠物品，这种身姿不仅不美观，并且影响身体的发育，长久以后，容易出现颈椎、腰椎等方面的疾病。此外，如果与别人同坐时，不要横臂、张腿、箕坐，不要跷腿、抖腿，不要将腿伸到别人腿脚处，这些都是违背礼仪的。古人说：**“天下大事必作于细，天下难事必作于易。”**我们要想成为知书达理的人，一定要从一举一动的小事做起。

站姿也是衡量一个人外表乃至精神的重要标准。优雅的站姿让人感觉舒服，富有魅力。常言道：**“站如松。”**这是中国传统的有关于站姿的标准。人们在描述一个人生机勃勃、充满活力的时候，经常使用“身姿挺拔”这类词语。确实，优美的站姿是保持良好体型的秘诀，也能看出一个人的精神状态、品质、修养及健康状况。一般来说，标准的站姿关键要看三个部位：一是髋部向上提，脚趾抓地；二是腹肌、臀肌收缩上提，前后形成夹力；三是头部上顶，肩向下沉。只有这三个部位的肌肉力量相互制约，才能保持标准站姿。

具体来讲，标准的站姿应是：站立时要抬头，头顶放平，双目向前平视，嘴唇微闭，下颌微收，面带微笑，心态平和。双肩放松，稍向下沉，身体有向上的感觉，呼吸自然。躯干挺直，收腹，挺胸，立腰。双臂放松，自然下垂于体侧，手指自然弯曲。双腿并拢立直，两个脚跟靠紧，脚尖分开成60度。身体重心应在两腿中间，防止重心偏左或偏右。男子站立时，两个脚跟可分开，但不能超过肩宽。女子站立时，双脚前后稍稍分开，以一只脚为中心站立。为了维持较长时间的站立或稍事休息，标准站姿可稍微变化：双脚分开，双脚外沿宽度以不超过肩膀的宽度为宜；以一只脚为重心支撑站立，另一只脚稍微弯曲以休息，然后轮换。

徒步出行，这些规矩宜牢记

步行是人们不可或缺的出行方式，如上街购物、郊游等。步行出行也应当自觉遵守交通规则，服从交警和交通信号灯

的指挥，如行走时注意靠右行走，礼让他人。通过斑马线时看交通信号灯，应在确认安全的情况下快速通行，切勿故意逗留在斑马线上，阻碍交通。不乱闯红灯，不占盲道，不在马路上任意穿行。过马路时一定要走人行横道、过街天桥或地下通道，要主动给年长者、孕妇、残疾人以及需要帮助的人让路。而且，在过马路时，一定要专心行路，不要低头看手机，也不要一边打电话一边过马路，或者一边浏览网页一边过马路，这些都危及生命安全，也是严重违背礼仪的行为。

向他人问路时，要有礼貌地跟人打招呼，要根据年龄、性别的不同，以谦恭的称谓称呼对方。在听完对方的回答之后，不管对方的回答是否令你满意，都应该真诚地向对方道谢。为别人指路时，应耐心、认真、热情周到地向对方讲清楚。不要歧视外地人。自己不清楚或不确定时应向对方说明情况并表示歉意，不可胡乱指路。

随地吐痰是一种不文明的行为。行路时，若嗓子不舒服想吐痰，应将痰吐在纸巾里包好，然后投入垃圾箱。如果把痰直接吐入垃圾箱，会给清理垃圾的人带来麻烦，也不卫生。吐痰，看似一件小事，却关系一个人的基本礼仪，关系到一个国家公民的整体素养。试想，在干净整洁的马路上或公共场所随地吐痰，既不卫生，也有碍观瞻，破坏环境之美，这是每个人都应该注意的修养。

行路时，如果发现街头有冲突，在保证自己安全的情况下，应予以劝阻，切莫围观、起哄、煽风点火，使双方矛盾进一步激化，或者以观看别人的争斗为趣事。对于奇怪的路人，或感到其行为怪异、着装奇特等，也不宜尾随其后观察，这样既影响交通秩序，也违背出行规矩。

翻越马路护栏是一种不文明行为，是不守规矩的。这种行为既违反了相关交通法律法规，同时也有损城市形象，更是对自己生命的一种漠视。有些人过马路时，为了不绕路，直接翻越护栏，这样的行为省了力气，却赌上了性命。对司机来讲，突然看见有人翻越护栏横穿马路，既要躲闪开这个人，还要照顾到周围车辆，很容易造成交通事故。所以，看到马路护栏这样的交通禁行设施，一定要按规定绕行，不能翻越。

过马路有讲究，正确通过信号灯

不遵守红绿灯交通信号，横穿马路，遇到的危险因素会大大增加，既不安全，也违反法规。

过马路时，要谨记“一停二看三通过”。

停：无论有没有信号灯，你都得停在路口前的人行道上、安全岛上或是街角安全区里。

看：看人行横道（斑马线），看红绿灯，观察清楚整条马路，观察车流方向，左看，右看，再左看。你得确保仔细观察至少两次左侧、右侧和前方三个方向，完整看清整条路的情况。

通过：观察清楚车辆方向，特别注意转弯车辆，在确保安全的情况下，从斑马线上直线快速通过，不要停留在路上，也不要奔跑。

作为行人要知道，机动车辆右转大多是不受信号灯限制的。所以绿灯时，在你迈步走上斑马线前首先得注意直行方向车辆行驶情况，还要关注转弯处是否有车辆驶来。因为车辆转弯时司机的视线会受到一定的影响，无论司机是否守法地减速慢行，都有可能无法及时发现行人。所以绿灯时也不要着急，如果绿灯倒计时剩余不多，还是耐心等待下一个绿灯再通过吧。红灯停，绿灯行，当黄灯闪烁时，我们一定要停下匆匆的脚步，留在路的一侧，耐心等待下一个绿灯亮起。“宁停三分、不抢一秒”，绝不能拿自己的生命与某些开车注意力不集中来不及刹车、赶时间开快车刹不住车和故意闯信号灯不刹车的司机赌气。

骑自行车、坐轿车，这些规矩不可破

骑自行车也要懂得规矩。骑车之前，要检查刹车和车灯是否正常，骑与自己身体相适的自行车。如有自行车道标志，要在规定的车道上靠右行驶，主动避让行人和机动车。过人行横道时，遵守红绿灯规则，不争不抢，不在行人之间穿插，不在大街上练“飞车”，骑行时不要“耍酷”，如不双手扶自行车车把、一只手插在裤兜骑行，这些行为都是违背礼仪的行为。骑车时，不要轻易急刹车，尤其是不要轻易急刹自行车的前轮，这样很危险。遇到人多路窄的情况，要下来推车前行。夜晚骑车一定要开车灯。此外，不要将自行车乱停乱放，要在指定的场所停车，按顺序整齐摆放。

乘坐轿车时，不要随便和司机高声说话，也不要搞恶作剧，避免开车人走神，造成危险。乘车出行时，一定不要将身体任何部位伸到车窗外，以免与同向或反向车辆剐蹭，或者与树木等路边物体碰撞。尤其是在夜间行驶时，驾驶人由于视线不良，注意不到乘车人探出的身体部位，容易造成人身伤亡事故。上车后，请主动系好安全带，包括坐在后座的乘客。下车时，注意后面是否有摩托车或汽车过来，确定安全后再打开车门。

此外，在正式场合，乘坐轿车还要分清座次。如果专职司机开车，车的后排右座位是尊位，其次是后排左座位，前

排右座位，后排中间座位为末，一般为临时座位。如果开车人是主人，则前排右座位为尊位，其次是后排右座位，后排左座位，后排中间。如果和尊长或女生共同乘车，应该把尊位让给他们，并且让尊长先上车。

乘坐公共交通工具出行，牢记这些规矩

随着低碳生活观念深入人心，越来越多的人会选择乘坐公共交通工具出行。那么，我们在乘坐公共交通工具时需要懂得哪些规矩呢？

乘坐公交、地铁等公共交通工具时，要自觉排队候车，按顺序先下后上，不要拥挤、推搡。车门开、关过程中，禁止强行上下车。上车后要主动刷卡或买票，然后主动向车厢中部走，禁止手扶、倚靠车门；有空座应及时就座，如无座位，可以手握栏杆或拉手，不要倚靠车门，以免影响车门的开启或发生意外；不要在车厢内追逐打闹，这样容易在车辆行驶过程中摔伤，也容易引起其他不明真相乘客的恐慌，甚至发生踩踏事故。车到站，车门还未开启时，请站稳扶好。

乘车时不要随意脱掉鞋子，这样的行为既不雅观，也可能因有异味影响到他人。要保持公共交通工具的清洁卫生，不要在车上吃瓜子、水果等零食，尤其是有刺激性气味的食品。乘坐公共交通工具难免摩擦碰撞，尤其是在乘车高峰期，这时，乘客之间要相互包容、互相体谅。在车内走动时，请注意脚下，不要踢到或踩到他人。如果别人不小心碰到了你，请不要斤斤计较。如果你碰到了他人，请及时说声“对不起”。即将到站时，要提前换到车门边，需要别人让路时，要说“请让一下”等敬语。必要时可积极主动配合乘务人员维持公共秩序。要主动给老、幼、病、残、孕和抱小孩的乘客让座，这是中华传统美德。

乘坐公共交通工具不要携带宠物，这是基本的礼仪规矩。公共交通工具内部是一个封闭空间，宠物身上又容易携带病菌，会危害乘客的健康。而部分乘客还会惧怕宠物，影响正常的交通秩序，引起不必要的混乱。有些宠物制造的噪声非常大，也没有公共环境意识，如果在公共交通工具上大小便，就非常不卫生，污染车内环境。所以，除了盲人携带导盲犬外，不要携带宠物。如果有特殊运送宠物的需求，可通过专门的汽运或航空运输。

此外，需要特别注意的是乘火车时按乘车票上的座位号就座，不要抢座。如果没有座位票，就座前应礼貌地征求邻座的同意后再坐。使用行李架时，不要独占太多空间，不要粗暴地把自己的行李放在别人的行李上；移动别人的行李时应征得对方同意；往行李架上放行李时，不要穿鞋直接踩踏座位。坐定后，待时机成熟后再与邻座乘客交谈。在交谈时，不要打听对方的隐私。在卧铺车厢，不要盯着看他人做睡前准备；自己就寝时，应背对其他乘客。当乘务员来打扫卫生进行服务时，应主动予以配合并表示谢意。

飞机具有乘坐舒适、服务水平高等特点，因此对乘客的要求也相应较高。人们在乘坐飞机时要处处以礼律己、以礼待人。过安检时要配合海关检查人员，不要违规携带任何可能威胁到飞机飞行安全的物品，不要冲撞、辱骂检查人员。由于飞机起飞时间有特别严格的要求，所以一定提前到达机场，做好安检事宜，按时登机。进入机舱后，要保持安静，尽快放好随身行李，保持通道畅通，并对号入座。坐下来后，要注意系好安全带，等待飞机起飞。登机后主动关闭手机、手提电脑、电子游戏机等电子设备。当乘务员送来饮料、食物或是得到他们的帮助时，要表示感谢。不乱动飞机上的安全用品及设施。进餐时，主动将座椅椅背调至正常位置，以免影响后排乘客进餐。飞机未停稳时，不要抢先打开行李舱取行李，以免行李摔落伤人。

以上这些是乘坐公共交通工具时应该遵守的规矩。

乘坐电梯，遵守这些礼仪规矩

进出升降电梯时，要遵循先出后进、自觉排队、不争抢的礼仪原则。

一般情况下，出电梯时要让老人、孕妇、残疾人、小朋友等先出，这也是中华传统美德。外边等候电梯的人不要挡住出口，要留出空间让电梯内的人全部出来之后，方可有序进入。出电梯的人可以用“借过”“请让一让”“谢谢”等礼貌用语，以示提醒。等候上电梯的人可以帮忙按住电梯按钮，防止电梯门关闭，以方便电梯里的人出来，让等候在电梯外的人进去。先进去的人应站在电梯门的两侧，给后进的人腾出空间。如果是拎着物品，要尽量把物品放在电梯的角落，以防蹭到他人。不要强行进入电梯。如果电梯里的人还没有出净，电梯外的人就强行进入电梯，应尽量提醒或忍让，不要为此小事在公共场所吵闹。如果看到后来者快步走向电梯口，请及时按住“开门”按钮，等他人进来。这些都是一个人有教养的体现。

进入电梯后，应面朝电梯门的方向站立，目光不要凝视旁边的人，应自然平视电梯门，避免造成面对面的尴尬。电梯内部属于公共空间，不是私人空间，应当尽量保持安静，不要高声喧哗，四处张望，乱丢垃圾，对镜整装，接打电话，播放短片等，这些都是不文雅的行为。如果必须讲话，应做到低声细语。

在商场超市或者一些大饭店里，我们上下自动扶梯的时候，正确的做法是大家均匀地站在扶梯的右侧，按顺序乘梯。入梯阶时，要注意双脚离开梯阶边缘，站在梯阶踏板黄色安全警戒线内。不要站在两条警戒线交叉的位置，不要在自动扶梯上上下乱跑，也不要在电梯上玩耍。赶时间的乘客，要走扶梯左侧，或者从楼梯专门通行。其实，不论扶梯、楼梯，都有相应的使用礼仪。准备搭乘时，要按顺序依次搭乘，请勿相互推挤，特别是有老年人、儿童及视力较弱者，更应注意，这是有修养的体现。

户外旅行，你要知道的规矩

很多人喜欢旅游，尤其喜欢环境优美的远郊旅游，因为那里远离城市的喧嚣。作为一名游客，旅游时带些食品、饮料等，是很正常的事情。但是，游客要有起码的文明素养，那就是游览之后既要留下“文明”，又要带走“垃圾”。这样的旅游才是文明的，受人欢迎的。可是在实际旅游时，我们经常看到这样的现象：有的游客在景区随意乱丢各种生活垃圾，如空饮料瓶、水果皮、剩饭残渣、纸屑等。试想，如此旅游，你的行为文明吗？丢垃圾看似小事，却能折射出一个人的文明素养。如果大家都随意乱丢垃圾，那么美景也会因此“黯然失色”。相反，如果每个游客都能自觉收拾垃圾，把垃圾放进该放的垃圾桶，那给景区留下的不仅仅是一种文明，更是一种个人的美德与修养。

草坪是景区的公共财产，是用来观赏的，如果随意踩踏，就容易引起草坪磨损，破坏独特的公共环境，是不道德的行为，也是对创造这一切美景的人的不尊重。因此，请勿随意踩踏草坪，爱护小草，人人有责。景区的花朵和果实也是公共财产，采摘花朵和果实不符合公共场所文明礼仪的要求。随意采摘，容易破坏景区独特的景观，同时给景区的植物维护工作增加困难。

游览、观光时，一定要避免攀爬雕塑、栏杆等景区设施。看到某景点有造型独特的动物雕塑，就攀爬上去拍照；为了抄近道或者显示自己童心未泯，就攀爬栏杆；想表现自己的大胆，吸引众人眼球，或者因为好奇就攀爬受保护的文物，以便“一睹真容”“一亲芳泽”。诸如此类的攀爬行为，都是没有教养的行为。攀爬禁攀设施，一方面容易使自己和他人陷入危险，另一方面对所攀爬的设施或者文物造成安全隐患，还干扰了正常的游览秩序。

爬山和野营时，不去危险的路段，不攀爬高危的栏杆，不在险峻的路上打闹，不吃不认识的野生植物。山路上与人相遇时应互问“你好”。在山上遇到厕所要尽可能早去。山中小屋的食品等物资都是人工从山下搬上来的，买后一定要注意珍惜。不要弄脏山泉水。走山路要以上山为先，山路比较窄时，下山的人应站在一边给上山的人让路。不要破坏山上的路标，否则后面的人迷路了会很危险。

景点涂鸦专指在公共空间乱涂乱画。“××× 到此一游”“×××，我爱你”……在旅游景点的这种涂鸦如果出现在文物古迹上，会造成无法弥补的损害，性质极其恶劣。作为一名游客，要常怀敬畏之心，不做任性游客。涂鸦会加大景区工作人员的劳动强度，会让后来的游客再也看不到赏心悦目的风景。我们要做到文明游览，并互相监督，管住手、不涂鸦是旅游者的基本素养。

去景区旅游，你是否会看到这样的现象：有些旅客脱掉鞋子或者干脆不脱鞋，用衣服当枕头，大模大样地躺在公园长椅上酣睡……这种把公共设施当成自家沙发的行为是不文雅的。首先，这种行为一方面有碍观瞻，你不雅的姿态会让人感到不快。其次，占据了有限的休息场所，给其他需要休息的游客带来不便。最后，你的姿态给公园风景抹上了不和谐的一笔，破坏了景观的优美，也损害了自身形象和城市形象。

旅游时，我们经常能看到观光的人拿着相机到处取景。如果拍摄者妨碍了他人拍照，会是一件令对方很不愉快的事。眼看别人正在拍摄景观，有人偏要向他对准的地方走去；有人好不容易摆好了姿势，却被其他游客的身影挡住；有人刚好举起相机，身体却被人冲撞到。无论是哪个人拍照，受到如此打扰都会感到郁闷。正确的做法是不要争抢拍照，如果路过，要绕开拍摄者。如果需要别人帮忙拍照，事后要道谢。

此外，如果请了导游，我们要发自内心地尊重导游的辛勤付出，认真地听导游讲解相关景区知识，才是践行规矩，感恩每一位劳动者的良好素养。当然，也有一些导游身上会发生“欺客宰客”“购物抽成”“素质低下”等现象。我们应该区别对待，不能带着标签看所有导游，甚至对他们出言不逊、当众羞辱。

入住酒店，这些规矩宜知晓

出差或旅行前，尽量提前预订酒店，这样既方便了自己，又有利于酒店的管理。尤其是在旅游旺季出门，这项工作更是必不可少。预订酒店的方式是多种多样的，常用的方式是电话、微信预订。在确定了要入住的酒店后，先和客服人员联系，说清楚你的预算要求和需要满足的条件，包括入住的人数、房间的类型、住房人的姓名和到达酒店的大概时间。万一比预订时间晚到酒店，应尽快及时联系酒店人员，这既是一种礼仪规矩，也避免出现自己预订的酒店被取消的尴尬情况。

到达目的地之后，首先应该到前台登记。如果你带了大量的行李，酒店服务人员会帮助你搬运行李，你要礼貌地感谢工作人员。如果前面有正在登记的顾客，应该静静地按顺序等候，并与前边的客人保持一定的距离，不要贴得太近，

依次排队办理。登记时，要出示身份证或其他证件。登记结束并拿到房间钥匙之后，你就可以去订好的房间了。

大厅和走廊是酒店中的主要公共场合，因此一定要记住，不要在大厅和走廊里大声喧哗。很多人去酒店就是为了休息，如果大声吵闹会影响他们休息。

房间要保持卫生，虽然有服务员清理，但是也不能因为有人代劳，就不注重保持清洁卫生，因为这体现着一个人的修养，包括废弃物要扔到垃圾筐里，东西尽量摆放得整齐有序。

如果不小心弄坏了酒店的物品，不要隐瞒抵赖，要勇于承担责任并加以赔付。要主动配合酒店工作人员的调查。酒店方面在接到客房部所述客人损坏财物的报告后，会派人检查被损物品，与客人核实情况。客人应有礼貌地说明损坏物品的原因，查阅被损物品的赔偿价格，然后遵照酒店的相关规定积极进行赔偿。

在准备退房之前，要提前通知前台查验。在前台结账时，应配合酒店检查是否有账未入、租借物品未归还、留言及转交物品未取走等事项。结账完毕离店时，要向酒店人员致谢道别。这不仅能给人留下一个完美的印象，也是对别人付出的真诚表示感谢，是一个人有良好修养的体现。

参观博物馆，要文明庄重

博物馆是征集、典藏、陈列和研究代表自然和人类文化遗产实物的场所，是一个环境相对特殊的场所，馆内展出的都是具有很高纪念价值的文物和艺术品，因此博物馆对馆内环境的要求比较高，对参观者也有一定的要求。比如禁止随地吐痰、乱扔果皮纸屑，禁止在展馆内吸烟等。参观博物馆要保持安静，着装要整洁大方，如果参观者衣衫不齐整，就会和博物馆的环境很不协调。尤其是在炎热的夏天，不少游客都喜欢到清凉宁静的博物馆里来参观，但有些人穿着吊带、背心、短裤、拖鞋，这对博物馆里的其他参观者、工作人员和展品都是一种不尊重、不礼貌，会破坏整个参观氛围。此外，不要一边吃零食一边参观，不要在一件展品前长时间驻足，以免影响他人参观。

参观博物馆时要尊重讲解员的付出。在听讲解时，要注意为讲解员留下一定的活动空间，既不要过紧簇拥，也不要过于分散。如果有讲解员正在介绍作品、物品，参观者应耐心听取讲解员的讲解。如果在参观过程中，对某一问题比较感兴趣或想进一步了解情况，应选择恰当时机礼貌地提出，有不明白之处可以请教，但切忌不停地发问，以免影响其他游客参观。

博物馆展出的艺术品，绝大多数都十分珍贵，具有较高的历史价值或艺术价值，有的甚至是国宝。但少数参观者总是对之爱不释手，一定要亲手触摸一下展品，这种做法不仅是有失礼仪的表现，而且对展出的艺术品会有破坏作用。很多博物馆都有“禁止触摸展品”的规定，对于那些价值极高的文物，博物馆也采取了一些措施，如设置玻璃罩、隔离线等，但也不是每件展品都有防护措施。因此，我们参观博物馆时一定要注意爱护展品，不随便触摸展品。

此外，参观博物馆时，里边有些文物，尤其是古代的字画、纺织品、彩陶、漆器等，在强光照射下会褪色，所以禁止使用闪光灯拍照，包括部分展品是现代艺术品或借用外馆的交流展品，通常都有版权问题，也是不允许拍照的。

外出购物，这些规矩你懂吗

外出购物时，我们要懂得一些规矩。

商场、超市是公共场合，要遵守公共礼仪。公共场合不要大声喧哗，因为这样会构成一定程度的噪声污染，会侵犯别人的心理空间，会影响到别人，引起他人的反感，这是对他人的不尊重，也是对自己的不尊重。

私拆商品包装是一种没有教养的行为。有些顾客拆开包装反复挑拣，挑完后又不将产品包装好，随手乱扔包装袋和拆除包装后的商品，不清洁也不美观。有些被拆了包装的商品，商家不能退回原厂，只能打折处理掉。这样的行为既影响商品销售，给商家带来不必要的经济损失，也让其他消费者气愤，是违背礼仪规矩的行为。

很多商场超市在销售豆制品、熟食、糕点、干果、蜜饯、酱菜、凉拌菜等散装食品时，把食品存放在密闭容器中，同时有防尘材料遮盖，但是依然无法阻止一些不文明顾客私自品尝食品的“热情”。有顾客表示，有些食品不品尝不知其味，不知其味就无法购买。作为一个文明顾客，要遵守商场超市的规章制度，养成良好的卫生习惯。散装食物柜台如果没有品尝区或未经售货员同意，就不要私自品尝。同时挑选散装食物时，尽量不要直接用手抓，请使用特定的小铲子、小夹子等工具。尤其是食品，脏手和食品的“亲密接触”不仅不文明，还容易导致病菌或病毒沾染到食物上，从而引发食品安全事故。

对于像穿衣镜、花瓶、碗碟、酒瓶等易碎物品，或者像玉器、玛瑙等贵重物品，我们要轻拿轻放，以免不小心碰坏物品产生纠纷。万一因为无意损坏易碎品和商场超市的工作人员发生争执，应根据《消费者权益保护法》的相关规定，按照成本价格赔偿，这是做人的基本礼仪，也是自己应该承担的法律责任。

按需购买，礼貌对待服务员

很多商场超市在节假日时，会利用消费者贪图便宜的心理，推出大规模的打折促销活动。例如，某些顾客特别愿意在打折促销活动中购买大量食物。从理性消费的角度看，购买食物前应做好计划，尤其是保质期短的食物。根据当天就餐人数、每个人的食物喜好等因素做好统筹，按需购买，既保证新鲜又避免浪费。对于可短期储存的食物，应根据食物特性和标明的储存条件存放，并在一定期限内吃完，避免食物不新鲜或者变质。

当我们去大型的商场或者超市购物时，难免会遇到导购人员，当导购人员热情地说“欢迎光临”“欢迎惠顾”时，我们也应该报以微笑回礼，或是回应“您好”，不能假装没听见或冷漠对待。需要工作人员帮忙时要使用请示语，比如，“您好，请帮我取一下这件物品好吗？”如果导购人员正在

帮其他顾客服务，要耐心等待，不要着急呼喊。

尊重商场服务人员的工作，遇到纠纷心平气和地解决。商场、超市的服务人员劳动时间长、劳动强度大，难免有工作疏漏的地方。顾客不能因为他们的服务不到位，就对服务人员指责甚至谩骂。这样做不仅无法解决问题，还显示出顾客素质的低下。当发生矛盾冲突的时候，顾客应该保持头脑冷静，心平气和地协商解决办法。要知道服务人员比顾客更不想扩大事端。

文明入公厕，保持清洁

公厕属于公共设施，人们如厕时要遵守秩序，不争不抢，礼让为先。进入公共卫生间时，如果遇到人多的情况，应在卫生间门外排队等候。如果遇到内急无法控制，想提前使用厕所时，应该耐心向排在队伍前面的人解释。出入厕所蹲位时不要用力过猛，将厕所门拉得大开或撞得直响，应该轻轻推门，轻轻关门，以免厕所门撞到别人。

为了保持厕所洁净，使用完的厕纸要入篓，不要随意丢弃，更不能扔进马桶，以免堵塞马桶。要尊重保洁人员的劳动成果，不给他们添麻烦。

随手冲厕彰显个人及社会文明。除了一些自动冲水的厕所或者智能马桶有用后自动排水的功能，如厕者应该自觉做到大小便后及时冲水。冲干净后再离开，为后来者留下一个干净的如厕环境。冲洗厕所后，应把衣饰整理好。男士不要一边系着腰间的皮带（对于女士来说，就是一边整理衣裙）一边走出蹲位，这样很不雅观。

便后洗手，请及时关闭水龙头。如果遇到水龙头、冲水阀等损坏造成水流不止的情况，应及时向厕所工作人员反映，避免水资源的浪费。

不要损坏厕所内的公共设施和清洁工具，否则会给其他人正常使用厕所造成不便。有一点要特别注意，不要随手拿走洗手间里备用的手纸或乱拉乱用手纸。如果有人不小心损坏了厕所里面的公共设施，应照价赔偿。

每个人都应该成为文明如厕的监督者。强化主动监督意识，及时劝阻和监督不文明行为，消除不文明现象，共同推动整个社会文明程度不断提升，共同维护文明如厕良好氛围。

进影院观影，要懂的规矩

电影院一般提前 15 分钟开始检票，最好在这个时间段进场，寻找座位，对号入座。没有特殊情况，不要在电影开始、熄灯后才摸黑进入。迟到入场或中间有事离场，请迅速、安静地进出，切勿打扰他人观影。需要灯光时，可将手机手电筒打开，但应尽量放低手机。如果你到达电影院时发现其他观众已坐好，你的座位在中间，这时应有礼貌地请别人给自己让道。当他人给你让道后，应表示感谢。

观影时需要提前把手机调成静音或震动模式。安静的环境，突然响起手机铃声，是对其他观影者的严重干扰。有的观众在看电影时，不仅铃声频频响起，还大声接打电话，当他人善意提醒时，不仅不听劝告，甚至还和他人发生冲突。这是严重违背礼仪、缺乏教养的行为。我们必须明白：电影院是公共场所，不同于私人影厅，不能为所欲为。如果确实有急事需要接打电话，应悄悄地走到影厅外处理。

有些人在观影时，喜欢带一些零食，一边看一边吃。从

文明观影的角度出发，观众应尽量少吃零食，专心观影，尤其不应吃榴梿等味道较重或有刺激性气味的食物。吃东西也尽量不要发出过于响亮的声音，不要弄脏座位及周围地面。需要特别注意的是：不要把食物碎屑到处丢弃；离场时，应将食物垃圾归置好带走。这体现了观影者的基本修养。

在观影过程中，如非必要，最好不要随意离开座位。因为站立起来会影响其他观众。实在有急事或者要离开座位去厕所应该弯腰、低头，侧着身体轻轻朝前走，从别人面前经过时，要向两边的人致歉。有的小孩因为害怕电影院黑漆漆的环境或影片中的惊吓情节，而拒看电影甚至在影院大哭大闹，父母应该立刻带着孩子离开，不要影响他人正常观看。

有的观众在影院时，就仿佛回到自己家，立即放飞自我，脱掉鞋袜，然后一股异味飘向四周，让其他人非常不满。这是严重违背礼仪、没有规矩的行为，特别是在影院这种人员密集的公众场合，更应该注意。

观看演出，有些规矩不可少

剧场是欣赏文艺表演的艺术殿堂。观看演出，观众要穿得整洁大方，不要穿着居家短裤、拖鞋入场，这是不礼貌的，会被谢绝入场。观众若携带较大的书包、背包或拉杆箱等，可寄放在剧院行李寄存处。

演出开始，大幕拉开，场灯熄灭，剧场变成一个充满仪式感的空间。剧场演出是现场发挥，所以观众更不宜迟到。迟到的观众，不仅会影响其他人观看演出，更重要的是会直接干扰到舞台上演员的发挥，极大地影响演出质量。如果观众不小心迟到，要遵守剧场的有关规定，在等候区耐心等候。然后，按照场务人员的指引，轻轻入场、就近入座。待中场休息时，再凭票找到自己的座位。

手机铃声突然响起，或大声接打电话，会严重影响演出的观感，影响台上的演员。演员在现场演出中，会随时关注整个剧场的环境，有时剧场内也会设立一些标记来提示演员，而手机屏幕过亮，很可能导致演员误解提示标记，造成演出事故。所以，观众在演出前，应关闭手机铃声或将手机调至静音状态，手机屏幕亮度也要调到最低。这样既不妨碍自己处理事情，也可降低手机对演员和观众的不利影响。

观众鼓掌是一种基本的礼仪，是对表演工作者的鼓励和肯定，也是让他们解压和在演出结束后得到满足的极好办法。所以，鼓掌是台下观众的正确情感表达，能够使得表演者与观众建立良好的精神沟通。观看音乐会时，曲间不可鼓掌，乐章间保持安静既可以保证一部宏大作品的整体性，又能保证观众思绪的连贯性。全部乐章演奏结束后，指挥一般都会转过身来鞠躬谢幕，此时观众就可以纵情鼓掌、喝彩欢呼，来表示对艺术家们的感谢。部分芭蕾舞剧、话剧等文艺表演，看到精彩之处，观众可以放心大胆地鼓掌，演员非常需要这种来自观众的积极反馈。

一般情况下，大型演出和歌剧、话剧、舞剧、芭蕾舞等都会安排总谢幕程序。由一般演员、次要演员、主要演员到导演等按次序谢幕。演员谢幕是整个演出活动的重要组成部分，是演员对观众表达谢意的一种高雅艺术化礼仪。作为观众应该以礼相待，用喝彩欢呼等方式向演员表示敬意和感谢。所以，观众在演员谢幕时，不要提前离场，待演员退场后或大幕关闭时再有序离场。

进入图书馆，小规矩彰显大文明

一个大大的“静”字，经常作为警示贴在图书馆的墙上，也鲜明地归纳了人们在图书馆应当遵守的礼仪。保持图书馆内的安静，就要求读者做事要轻手轻脚，说话要轻声细语，不得大声喧哗，并将手机及其他电子产品调整为无声状态，在馆内不应拨打、接听手机，不应做与读书学习无关的事情。具体地说，就是进入图书馆走路要轻，入座起座要轻，翻看书刊要轻。在图书馆要尽量少说话，遇到朋友、同学等以点头、微笑的方式打招呼；如果确实需要与其他人交换意见，应该简明快捷、附耳低语，较长时间的讨论应到室外。

在安静的图书馆环境里，旁若无人地大笑、喋喋不休议论都是很失礼的。

在图书馆，读者应注意自己的仪表礼仪，塑造自己的最佳形象。面容干净整洁，头发梳理整齐，会给人留下生气勃勃、精神饱满的好印象。保持双手的干净，没有油腻污渍，这样才不至于翻书时把书弄脏。着装得体，纽扣要扣好，不要披衣散扣，不要穿拖鞋、短裤入馆。打喷嚏、打嗝、咳嗽、打哈欠时都要有节制，应事先道歉，捂嘴转身再做动作。

在图书馆就座时，移动椅子不要出声。不要利用阅览室睡觉、休息。阅读时，坐姿要文明得体，不要乱扔纸屑，不要随地吐痰，不要大声咳嗽，不要在馆内吃东西。在图书馆内边看书边吃东西，不仅影响他人阅读、破坏学习气氛，还易弄脏图书。板凳、桌子等都属于公共财产，应该注意爱护，不要随意写字、画画或涂抹。雨天进图书馆时，应注意把雨具放在指定地点，还要把鞋底的泥水弄干净，以免溅到其他读者身上或把图书馆的地面弄脏。

读者应当尊重图书馆工作人员和他们的劳动成果，与图书管理员说话要客气，注意使用“您好”“请”“谢谢”等礼貌用语。不要长时间地站在书架前阅读，以免影响他人查找图书。

一些超大型图书馆有数百万册藏书，有的读者费了很长时间却找不到需要的书籍。其实，在这样的图书馆，快速方便地找到自己想要的书籍是有方法的。首先在电脑上查找自己所要的书籍，搞清楚它所在的地点、书架号、序列号。可用手机拍下序列号，然后找到放书的地点、放书的架子，再根据序列号标签，按顺序查找，就能找到所需书籍了。

在查阅书籍时，不可将书籍撕坏、撕页、折角，或用笔在书上乱写乱画。翻页时不用手指蘸唾液。用完的图书、报纸、杂志，如果清楚地知道放在哪里，应尽量把它们放回原处，不能随便放在桌子上，或者随便在书架上找个位置乱放。

如果在书籍中看到需要的资料，可到复印部去复印，不能将所需资料撕下来，甚至私自带走整本书。

在借还图书时，应当自觉排队，双手将书递到工作人员手中。如果借还图书的人很多，要耐心等待，不可连声催促工作人员，也不可烦躁地走来走去。图书馆内人多，不应为他人占座位，但想坐在他人旁边空位时，要有礼貌地询问旁边是否有人。这些都是在图书馆要懂得的规矩。

撑伞细节，体现一个人的修养

每逢炎热的夏日或者下雨天，撑伞出行是生活中常见的现象。一把小小的雨伞不仅能为我们遮风、遮阳、挡雨，也能反映出一个人的修养和素质。常言道：伞品即人品。学会撑伞的礼仪，就能够以一份好心情度过雨天和炎炎夏日。

遇到下雨天，在打开雨伞之前，要确认周围有没有人，特别要小心那种嘭的一声一键打开的雨伞，可能打到别人脸上，这是非常不礼貌的。撑雨伞前，应抖动伞面，理直伞骨，把伞头朝下，缓慢撑开，这样既可防止断裂，又可防止雨伞碰到别人，把雨水溅湿到他人身上。与别人擦身而过时，为避免两把雨伞相碰撞，或者是被对方雨伞上的水滴淋到，应当将伞往对方相反的方向倾斜避让。当接近比我们矮的行人时，我们需要举高伞，以便他们安全通过。

在乘坐公交、地铁、旅游大巴等公共交通工具时，上车前要轻轻甩掉雨伞上面的雨水，先系好伞带再上车，不要让湿雨伞碰到别人。有的人习惯上车后再收伞，这时候要小心，注意不要把雨伞侧向有人的地方。车里有空位的时候，可以手里拿着雨伞或者把雨伞立在身边，不要放在乘客座椅上。如果车里很拥挤，要把雨伞放到身体正前面，以免弄湿旁边的人。如果是折叠伞，应当把伞折叠起来放进专用的伞套或者塑料袋里。

雨天到别人家做客，进门前要把雨伞放在室外控干水分。收伞时要做到伞尖朝下、伞骨完全收拢。若主人家有立伞架，就要把雨伞放进立伞架；若主人家没有立伞架，就应当装入备用塑料袋或伞袋。必要时，可用手帕把伞面的雨水擦掉。另外，在收拢雨伞时，请保持自己的右手干燥，从而方便自己在开门或握手等社交场合时，可以使用右手。

炎热的夏日，火辣辣的太阳逼得人们不得不在出门时撑起一把遮阳伞。当太阳直射，撑阳伞时将伞稍稍向后倾斜，不会遮挡视线。当太阳斜射，撑阳伞时撑伞的手一般与光源方向相同，例如光线从右侧照来，就用右手撑伞。这样既能最大限度地遮阳，姿势也更加好看。当同性两人共用一把遮阳伞时，应由身材高的人撑伞；当异性两人共用一把遮阳伞时，应由男士撑伞。

以上撑伞细节，体现了一个人的礼仪规矩。

宴请篇

吃饭看人品，餐桌见修养

YANQINGPIAN

赴宴要衣着得体，准时赴约

无论是参加宴会，还是宴请他人，都是一件非常郑重的事情。《论语》说：**“出门如见大宾”**，就是说要恭敬严谨地处理此事。首先，要将仪容仪表收拾得整洁精神。因为衣着可以直接体现出一个人的素质、品位、涵养及职业等重要信息，不可马马虎虎、敷衍了事。所以，参加正式宴会，或者宴请他人，一定要提前选择适合自己身材、肤色、身份等的服装搭配。其中，包括运动鞋不宜与正式礼服相配，穿西服不宜戴帽子，还要搭配颜色相宜的皮鞋，西服的衣裤兜内

不要塞得鼓鼓囊囊，不要穿短裤、背心、超短裤、紧身裤，内衣不能露在外衣外面，女士穿旗袍时，开衩不可太高等。

其次，要遵守时间。俗话说“约必守时”，这是做人的规矩。尤其是参加正式宴会，一定要准时赴约。通常情况下，应提前 10 分钟至 15 分钟到达。如果到得较早，可能主人还在做各种准备，自己应该在周围转一转，到时间再进。迟到，既是一个人生活随便、作风马虎、缺乏责任心的表现，同时也是一种不礼貌、对其他人不尊重的行为。如果出现交通堵塞等特殊原因，无法准时到达，应提前向主人告知并表示歉意。

如果是宴请别人，一般需要提前一两天预约，以示郑重。

对待德高望重者，或者隆重的婚礼、寿宴等，要提前一周预约，有时还要以请柬的形式邀约，不可临近联系，甚至发个短信，让受邀者感觉敷衍了事，不够严肃郑重。

在赴别人的家宴时，为了表达对主人的感谢之情，应给主人家带上一些小礼品。例如男主人爱喝酒，不妨买两瓶有特色的酒带去，一则可以助兴，二则可以增强宴会的气氛。送给女主人的礼物，可以是一束花、一盒糖或一本书。当然，土特产、小艺术品、纪念品、特色食品、时令水果等，同样都是不错的选择。如果主人家有老人或孩子，也应该为他们带些合适的礼品。送给老人的礼品可以是糕点、保健品等，送给孩子的礼品可以是皮球、益智玩具等。

如遇特殊情况不能赴宴，应提前说明原因。如果有可能，应当约定下次宴会的时间，明确说明自己做东宴请对方，以表诚意。

主宾座位有次序，别乱坐

中国人讲究主次分明，尤其是隆重的宴请，座位次序讲究严格，不能乱了规矩。

据《礼记》记载，主宾设在西北，取天地相交之气、宾主相敬之义。主人则坐于东南，取天地生发之气、宾主仁爱之义。古代主宾不在一个方位就座。

现代宴会，主宾座位并排，座次也有些变化，基本排列原则是：面门为上，以右为上，以中为上。如宴请宾客，应区别主宾。二人就座，以右为尊；三人就座，以中为尊；多人就座，主人居中，右侧为主宾、三宾，左侧为二宾、四宾。关于左右方位的确定，是以面对正门的位置为衡量标准。还有以观景为上原则，是指高档餐厅，室外是美景或高雅演出，这时就要以最佳观赏角度为上。同时，有两桌以上宴席时，还有主次桌之分，如横向排列，以右桌为上，左桌为下；如竖向排列，离正门远的桌为上，离门近的桌为下。如多桌宴席，以中间桌为上。部分地区在隆重的宴会上，还区分正主人位、副主人位，所以主宾、二宾、三宾等就有一定变化，如果分不清座位，就不要入座，先等待主人安排，然后就座，这是规矩。当然，无论何种座次，都忌讳让客人坐在门口上菜处，这是对客人的不敬。

如果在公司内部聚会，如何安排座次呢？《礼记》说“**在朝序爵，在野序齿**”，以此标准来判定主次序列，即在公司参加宴会，职位越高、德望越重者，安排坐主位，以此排序；同一职位或无职位的，就根据年龄大小来安排座次，年龄大的坐主位；如果是优秀员工表彰宴会，经领导同意，可以安排优秀员工居主位，以示特别尊敬。

家庭及朋友之间的宴会，辈分高、年龄长者坐主位，其他次之。

另外，主人与客人谁先落座？《礼记·曲礼上》说：**“客践席，乃坐。”**意思是说等到客人就席，已经坐下时，主人才能坐下。做主人时，一定要以客人为尊，请客人为先。当然，如果主人德高年长，客人也不敢先坐，主人就要陪客人一同落座，再照顾他人都安坐，这样才符合礼仪规矩。

与同桌打招呼，要立迎主人

参加宴会入座后，一般主人会为客人们相互介绍，或者在正式开宴主人致辞后再向大家一一介绍。如果主人没有来得及介绍或忘记介绍，自己的邻座又是陌生人，要与其打招呼，这是基本的礼仪常识。如果对方主动打招呼，应及时而礼貌地回应，毕竟都是主人的客人，当然彼此也可以成为朋友。俗话说“来者皆是客”，既然坐到一起，都是主人的客人，即使不能做到热情相见，也不要面若冰霜，甚至发生不快，这是对主人的不敬，也是不符合规矩的。

当菜肴上桌，宴会开始，主人一般会起立致辞，这时在座的人，就要起立迎食，或称起立敬迎。尤其是主人德高年

长，客人应恭立以待。当然，如果与主人非常熟悉，或者在特殊场合，主人需要较长时间致辞，客人就不要全部起立了。但如果主人起立敬酒，宾客一定要起立敬迎，或者有贵客来的时候，主人起立，其他宾客也会相应地起立，以示恭敬。关于这一点，《礼记·曲礼上》这样说：**“食至起，上客起。”**意思是说见端饭菜的来了，要起身迎接，主人有上宾来，也要起身恭迎。此外，如果与主人不同桌就餐，主人来敬茶、敬酒时，也要立身敬迎，不可一动不动地坐在那里，这是傲慢的表现，是对主人的不敬。

同时，在参加宴会时，客人不要先吃饭，一定要等主人示意吃时再开始，这是主先客后的规矩，也是基本的礼仪。

待客餐具要完好，餐食摆放有讲究

招待客人时，要使用完好无损的餐具，这是基本的礼仪。如果用破损餐具招待客人，就好比穿戴不整、缺带少扣的人去迎接宾客，有失礼仪。如果主人专门请客人用餐，破损的餐具还会使食物之美黯然失色，这不但是对美食的亵渎，也是对客人的怠慢。所以，即使不能用新的餐具，也要使餐具完整干净。人要仪容整洁，餐具也要干净整洁，这都是对客人的尊重。

餐具摆放时，先将餐具码好，放在垫托盘内，左手端托盘，右手摆放，从主人到主宾席位开始，按照顺时针方向依次摆放；然后按以上顺序摆放餐碟、筷架、筷子，餐碟居中偏左，筷架放在餐碟的右侧，筷子放在筷架上的中间位置，筷子头指向餐桌中心。公用碟、公用勺、公用筷应放置在正主人、副主人的正前方，牙签盒放在公用碟的右侧。

此外，餐食摆放也有讲究。餐食摆放的规矩早在《礼记·曲礼上》中就有记载。例如，进餐时，带骨头的熟肉应放在人的左手边，切成片的肉应放在右手边。饭食放在人的左手边，羹汤放在人的右手边，烧烤的肉放在稍远的位置，醋和酱类放在稍近的位置。不饮酒时，杯子放在左手边；饮酒时，再将杯子移到右手边。这些礼节都是从方便客人的角度加以考虑的。虽然现代社会没有这么多讲究了，但其精神是一致的，并需要借鉴传统礼仪，这就是为了更好地方便客人取食，是对客人的尊重。

高档宴席，使用筷子有规矩

筷子在中国古代被称为“箸”，是我们再熟悉不过的餐具之一，既简单灵活，又方便使用，是各种餐饮场合的首选餐具。用筷子夹取食物、菜肴，既方便又卫生。筷子不仅是一种餐具，还是一种文化，是东方文明的标志性代表。筷子成双成对，传递着友好、和美的情感价值。筷子上部呈方形，下部呈圆形，象征着天圆地方，蕴含着使用者对天地的感恩之心，更传达出天长地久的美好愿望。所以，餐桌上筷子的使用及举止，高度体现一个人的文化修养和礼仪规矩。

首先，筷子的摆放极有讲究。如筷子的摆放要两头齐，不能一长一短，否则就是对客人的不敬。不能将筷子一根是大头，一根是小头摆放。不能一横一竖交叉摆放在碗上，不能横放在碗或盘上，这样无法吃饭，是拒客的表现；不能在碗盘的两端各放一支筷子，这表示在吃散伙饭、分家饭、离婚饭。不能将筷子插在饭碗中，这是祭祀时专用的举动，是不符合礼仪的。如果不小心把筷子碰掉在了地上，可另外换一双。另外，正式宴会时，放筷子要用筷子架或筷托，使用时拿取，不用时放在上面，既干净又文雅。

其次，筷子的使用也很有讲究。其正确的使用方法是：用右手执筷，拿捏筷子上端。拇指、食指在上，无名指、小指在下，中指在中。这就构成天、地、人三部分，也称三才之道。大拇指和食指捏住上筷，起固定作用；无名指、小指垫着下筷，起稳托作用；下筷不动，大拇指、食指和中指灵活运用上筷。上筷是天，是阳，是动的；下筷是地，是阴，

是静的。而人要沟通阴阳、协调动静，使天地合一、阴阳合一、动静合一，以达到天、地、人三才和谐之美。筷子是直的、硬的，手指是弯曲的、柔软的，轻握筷子，灵活运用，既有阳刚之美，又有阴柔之德。筷子两端必须对齐，要齐齐美美。筷子使用时必须成双成对，要团团圆圆、和和睦睦。这些都是中国独有的筷子文化。

很多人在参加高档宴席时，发现每人面前放着两副筷子，两种颜色。这是私筷与公筷的区别，一副是私筷，供自己专用，一副是公筷，可以给别人夹菜。所以，不能把自己用过的筷子，给别人夹菜，或者随便放在公盘上，这是对其他客人的不尊重，是违反规矩的。

此外，有的人一边吃饭，一边将筷子来回舞动着与人交谈，尤其是说到激动处，更是拿着筷子在空中来回划动，这种行为是对桌上人的不敬；有的人就餐时吸食筷子，甚至把筷子一端含在嘴里，对着大家来回吸咬，这是非常不文雅的举动，是对别人的严重不敬；有的人就餐时，喜欢举着筷子在餐桌菜肴上四处游移，却不知道夹哪道菜好，也是一种失礼行为。应该先选好吃哪道菜后，再举筷子夹取，或者餐桌转盘转动停止时，哪道菜在自己面前，就夹取哪道菜。夹菜吃时，不要急迫匆忙，要小口慢吃，不要张大嘴巴，伸长脖子，甚至伸出舌头去接要夹的菜，这种吃相最不雅观。安放碗筷时，也要小心谨慎，千万别使其坠地。特别是有客人时，碗筷掉地会破坏欢快祥和的气氛。如果再将热菜热饭弄到客人身上，将客人干净整洁的衣服弄脏，甚至烫伤客人，是多么不敬和不符合礼仪规矩的事情啊！

以上这些都是在宴席上应该注意的规矩。

点菜有学问，动筷有规矩

宴席上，主宾各就各位后，接着就是点菜。点菜时，主人接过菜单后，通常会请主宾点头道菜。但按照传统餐桌礼仪，客人一般不会真点，一定要谦让并请主人先点。主人点完第一道菜后，再请客人点菜时，客人就可以接着点菜了。主人点的第一道菜，俗称“盖帽”，后面所有人点菜的价位，会大体参照这道菜的价位标准。客人点菜，价位一般不宜过高。客人要根据主人的经济境况及待客标准来点菜，否则就是违背礼仪的。当然，如果宴请尊长，就一定要请尊长点菜。尊长如果点得不多，主人应酌情再加点几个菜。如果是非常熟悉的朋友，也可以根据个人的爱好点菜。

同时，点菜时要先询问一下其他人有无饮食禁忌，这是对同桌人的尊重。此外，点菜还要考虑客人年龄和地区饮食特点。如果老年人较多，素菜可适当多一些；如果儿童较多，荤菜及甜食可适当多些；如果是江浙地区的客人，口味一般清淡，饮食就不要太辛辣油腻；如果是第一次来访的外地客人，可以点一些本地的特色代表菜，还要注意荤素搭配、热凉搭配，并根据人数安排点菜数量，不能少了，也不能太多。

宴会时何时动筷吃饭也有规矩。宴会开始后，一定要等主人示意开始，才准备动筷吃饭。如果有尊贵的客人，还要等主宾先开始。否则，独自先动筷动勺开始吃，是不把主人及主宾放在眼里的表现，是违背规矩的。宴会的一大功能就是帮助社交，如此表现，有失涵养。《常礼举要》说：“**举箸匙，必请大家同举。**”意为参加宴会共餐时，要请大家共同举起筷子或勺子，不可只顾自己吃喝，而不顾及别人，这是对别人的不尊重。

开席三杯酒，敬酒有讲究

在宴席开始时，一般情况下主人会发表讲话，表达今天相聚的目的。

同时，主人会与大家同端三杯酒相贺，并且很多地方都有头三杯酒全部喝完的礼俗。这是什么讲究呢？这是古代食

祭的延续，也是传统礼仪的高度体现。《尚书· 酒诰》说，只有祭祀时才能饮酒。《朱子语类》说：“**古人每食必祭，祭先火先炊，不忘本也。**”又说：“**古人祭食于案，祭酒于地。**”就是说每饮食之前，必从盘碗中拨出菜品少许，放在案上，以报答发明火种和饮食的先人，这就是“祭”。吃食要在餐桌上祭，饮酒要在地上祭，先吃什么就先用什么行祭。后世在食祭仪式时有所简略和变化，常常以酒祭（同饮三杯）为代表，以示不忘根本。第一杯酒礼敬上天，感谢上天好生庇护之德。第二杯酒礼敬大地，感谢大地滋养万物之恩。第三杯酒礼敬先贤，感恩先贤的发明创造之功。三杯酒之后，主宾之间就可开始互相敬酒，互相感恩与交流了。而祭酒是最吉祥的，一般情况下尽量喝完。三杯后，可以根据自己的酒量随意饮酒，但以不醉为度。

向长辈或客人敬酒，不能坐着，尤其不能隔着桌子敬酒，这是不郑重的行为。一定要站起身并走到尊长面前行礼，并说祝酒词后再敬酒。敬酒时，用右手端着酒杯，左手托住杯底，要有恭敬之态。同时，客人也应起身或俯身，以手扶杯或欲扶状，以示恭敬。此外，向长辈敬酒碰杯时，自己的酒杯高度要低于尊长的酒杯，这是对尊长的尊重。碰过酒杯之后，不能与尊长面对面地干杯，这是平辈之间的礼节。应该微微侧转身体，表示不能与尊长抗礼，然后再饮酒。

尊长向自己敬酒时，一定要恭敬地站起来，并双手举杯感谢。如坐着不动，或者单手随意与尊长碰杯，都是失礼的表现。《礼记· 曲礼上》说，陪伴长者喝酒，看见长者将酒递过来时，就赶快起立，快步走到尊长面前礼拜而后接受。长者说不要客气，然后少者才回到自己的席位上喝酒。另外，未满十八周岁青少年不能饮酒，在宴席中可用茶或饮料代替。

此外，主人敬酒时要有顺序，先敬主宾，后敬副宾，再以顺时针为主，这是最传统的方法。如果宾客没有按照座次入座，就敬长者，再按顺序逐一敬酒。客人回敬时，要先敬主人，再按顺序敬酒。家宴按辈分高低顺序敬酒，先敬长辈，再敬平辈，最后敬年少者。或者先敬长辈，然后按顺序敬酒。敬酒时，只能是多人敬一人，不能一人敬多人，这样会让人感觉不受尊重。多人称为共同举杯，不能称为敬酒。碰杯时，酒杯要低于尊长的酒杯，这是基本的规矩。碰杯后，按照双

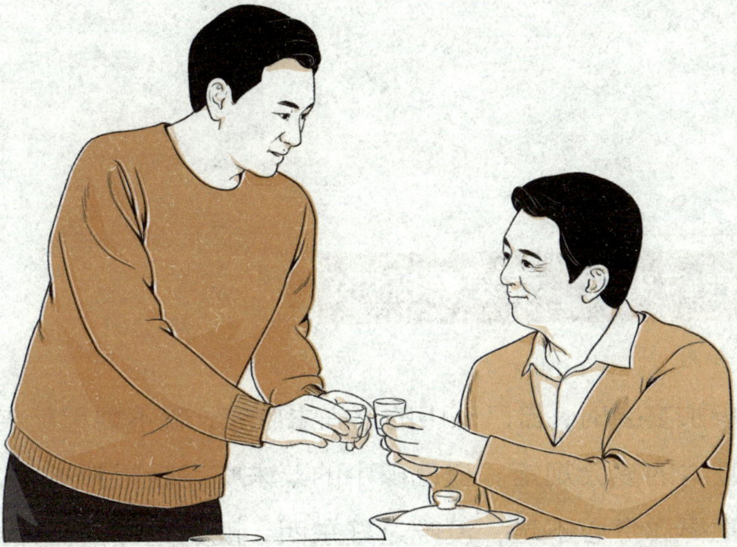

方约定的该喝多少就喝多少，不要抢着喝，也不要爽约不喝或者借口倒掉。如果对方德高年长，让对方随意喝，不可强劝，这是基本的规矩。总之，敬酒不能强人所难，否则就不是敬酒行为了。

在参加宴席时，尊长如果没有端杯，晚辈就不能先端杯；尊长还没有开宴致辞，晚辈不能抢先致辞；尊长还没有向大家敬酒，晚辈不可抢先向大家敬酒。当然，如果尊长是宾，晚辈是主人，那么主人应该先端杯、致辞讲话及敬酒。这是主先宾后、长先幼后的传统礼仪。无论是主人、尊长或其他人敬酒，被敬酒者都要回敬别人，这是基本礼仪。

宴会时夹菜、转桌有讲究

参加宴会时，自己碟中的菜尚未吃完，就不要重新夹菜，这是基本的宴会规矩。自己碟中的菜未吃完就重新夹菜，会让人觉得你贪心不足，没吃过好东西，没见过世面。如果你是长辈，必然会在晚辈面前留下一个贪吃的形象；如果你是晚辈，必然会给长辈留下一个不懂得尊重长辈的糟糕印象；如果你最后又剩了一堆菜，必然会给人留下自私的印象。所以，每次夹菜前，要保证自己碟子里的菜已经吃完。自己夹菜时要“量力而行”，应避免夹得过多而造成浪费。

此外，在宴会上转动餐桌也有规矩。如果照顾主宾或朋友，可以在别人不夹菜时，专门转到主宾或朋友面前示意，这是体贴恭敬的表现。如果他人正在夹菜，就要等人家夹完后再转动，或者应先用语言或眼神、动作向大家提示一下。否则，别人正在夹菜你转桌，感觉是你成心捣乱，让其当众出丑；别人正在举杯祝酒，你却转桌吃菜，会令人感觉你目中无人，与大家交流无兴趣。总之，随时随意转桌，显得过于自由散漫，容易给大家带来疑惑和尴尬。

此外，如果你是主人，不要吃得太快，要等待客人慢慢吃，直到客人放下碗筷，以表示对客人的恭敬。《礼记·曲礼上》说：**“主人未辩，客不虚口。”**意思是说宴请将近结束时，主人不能先吃完，自己先放下碗筷，一定要等客人吃完后，才能放下碗筷停食。否则，有的客人吃得慢，看到主人已经停食，自己就不好意思再吃了。客人没有吃好，是主人照顾不周，怎么能称得上礼仪完备呢？

进餐时不回放、不扬饭

《礼记·曲礼上》说**“毋放饭”“毋反鱼肉”**，就是说用餐时，不能把剩下的饭菜、咬过的鱼肉等再放回公盘、公碗里。让别人吃自己咬过或剩下的饭菜，既不卫生，也是对别人的不尊重，是不符合礼仪的。此外，夹菜时，要在面对自己的公盘边侧夹菜，把菜放入自己的餐盘内慢慢地吃。夹菜或盛饭时要少一点，尽量不要剩。如果剩余，也要留在自己的餐碟或碗中。还有，吃过的骨头、鱼刺、菜渣等不能直接吐在

餐桌上，要放在自己的餐盘内侧；如果想咳嗽、打喷嚏或吐痰，一定要转身掩口，并用餐巾纸擦干净嘴后说“对不起”或“抱歉”。这些都是用餐的基本规矩。

《礼记·曲礼上》又说：进餐时**“毋扬饭”“毋嘬（chuài）炙”**。“毋扬饭”是说用餐时，为了着急喝粥或喝汤，就用汤勺去扬起汤饭的热气，使其快速凉下来。这样做容易将汤饭溅到别人身上，也会让共同进餐的人感到尴尬，有着急吃饭之嫌。如果是做客时，这样做会让主人感觉准备不周。还有人为了让汤饭凉下来，或用筷子快速搅动，或用嘴去吹，这些行为都是不文雅的。“毋嘬炙”是说，大块的烤肉或烤食，不要一口吃下去，如此塞满口腔，不及细嚼，狼吞虎咽，仪态不文雅。无论吃肉还是吃菜，都不要狼吞虎咽，更不要上一口还没有嚼完咽下，下一口又放入口中，一口接着一口，满嘴吞嚼，甚至腮帮子都鼓起来。要缓缓地举筷子，慢慢地夹菜，闭嘴，细嚼慢咽，不发出大的声音。在喝汤喝粥时口中发出呼噜呼噜的声音，在吃菜吃饭时发出吧唧吧唧的声音，在啃骨头时发出嘎巴嘎巴等响声，这些都是不文雅的，不符合用餐的基本礼仪。

客人不抢主人言，宴会上说话有规矩

参加宴会时的言论，须遵循一定的规矩。

客人不能抢主人的话题，发言要听从主人的安排。有些大型宴会由主持人安排发言顺序，客人更不能打乱原有的顺序。客人发言，要尽量简短，应避免长篇大论及空洞的说教。宴会是大家相聚的场所，气氛应保持欢快融洽，不要发表带有争议性的或对抗性的言论。当客人是宴会和餐桌的焦点所在时，一定要按照礼仪顺序、发表得体的言论，使宴会的气氛更为欢快轻松，使在座众人的感情更为融洽密切。

宴会上说话也有一定的禁忌，尤其是宾客之间、宾主之间，因观点不同去争执，甚至发生严重冲突，都是失礼的行为，是不合规矩的。《论语·乡党》说：**“食不语，寝不言。”**就是说吃饭时不要言语，睡觉时不要说话。现代人常常把一起吃饭作为人际交往、情感交流的重要手段，所以吃饭时不说话，已经不太现实。但一定要注意基本礼仪及细节，比如口中含着饭菜时不要说话。如需说话时，要等自己口中食物嚼咽后再说，以防把饭菜粒喷到饭桌上，甚至溅到别人的脸上。这种行为既不卫生，也不雅观，更是严重违背礼仪规矩的。

另外，在宴会上吃饭喝酒时，不要高声喧哗，避免影响别人；呼唤服务员、催饭菜时，要温声细语，避免语言粗暴、大声喊叫。同时，在就餐时，不符合饮食卫生的话题不要说。这种话题会破坏就餐环境，影响别人的食欲。在参加宴会时，与同桌闲聊，会涉及很多话题，如宗教信仰、政治观点等。当你对有些话题有不同意见的时候，不要和对方去争执。当有人反驳你的观点的时候，也不要针锋相对，应该宽容以待，或保持沉默，或转移话题，这样不仅是对同桌的尊重，也维护了宴会的良好氛围，是有教养的表现。

此外，宴会上如果有女士，不要说一些色情淫秽的话题；如果有儿童在场，不要说一些凶杀恐怖及社会阴暗的话题；如果有人刚刚离异且正在心情沮丧之中，就不要说这方面的话题。这些都是尊重别人的表现。

主人致辞不谈话

在宴会上，主人致辞时作为客人忌与人交谈。参加朋友或同学举办的宴会，主人讲话时，如果你和身边的朋友交谈，就会干扰现场秩序，引起众人侧目。如果这种行为引起主人注意，你等于是“撞枪”。尤其是参加丧宴、婚宴、寿宴等大型宴会，主人致辞时，如果你与他人交谈，不仅扰乱会场气氛，还会让人认为你素质比较差，认为你对主人不敬，是没有规矩的。要知道，主人或主宾向在座者致辞时，自己都应专注地聆听，坐姿端正、态度积极，不可打扰致辞人，这是参加宴会的基本素养。

饮酒者要有酒德，酒后不开车

所谓酒德，指的是饮酒的道德规范和酒后应有的风度。首先提出“酒德”概念的是周公，他在《尚书·酒诰》中反

对酗酒，提倡“**毋彝酒**”。所谓毋彝酒，就是不要滥饮酒。怎样才算不滥饮酒呢？《礼记》中有具体的说明：“**君子之饮酒也，一爵而色温如也，二爵而言斯，三爵而冲然以退。**”被后世尊为“圣人”的孔子曾提出“**唯酒无量，不及乱**”，意思是说每个人饮酒的多少没有什么具体的数量限制，以人饮酒之后神志清晰、形体稳健、气血安宁、皆如其常为限度。

《童蒙须知》中说：“**凡饮酒，不可令至醉。**”意思是饮酒之时，不可喝醉。饮酒者要有德行，不能因酒忘形，更不能酗酒、喝醉。特别是醉酒后胡言乱语、“撒酒疯”、打闹者最无德，是对其他人的大不敬，是严重违背礼仪规矩的。所以，古人饮酒讲究“不过三爵”，也就是在宴席上饮酒时不能超过三大杯，如果超过三大杯，那么酒量浅的人就会失态，做出失礼行为。

此外“开车不喝酒，喝酒不开车”，这是一条必须遵守的规矩。这不仅是为自己的安全着想，也是为他人的生命安全负责。生活中，我们不乏看到这样的事情：几个朋友出去喝酒，喝完酒分手后，有人开车出交通事故了。有很多司机抱着侥幸心理，尤其是在节假日，觉得交警可能不会上路检查。其实，不管交警是否检查，作为驾驶员必须做到“酒后不开车，开车不喝酒”。酒驾，不仅违反法律，还是不道德、严重违背礼仪的行为。“人而不仁如礼何？”作为司机，一定要对自己及他人的生命怀有恭敬之心，时时想到自己的行为可能给他人带来身体甚至生命的危害。同时，一起喝酒的朋友也要知道，开车不劝酒，喝酒不开车，或者喝酒后帮其找代驾送回，这都是对他人生命的敬重。

待客做客篇

言行恭敬，来而有往

DAIKEZUOKEPIAN

恭敬以待，热情迎接来客

孔子说：**“有朋自远方来，不亦乐乎！”**有朋友亲戚到家里来做客，或谈心，或说事，或问学，或切磋，这是多么开心的事情啊！所以，一定要热情接待，恭敬相迎，这既是基本礼仪，也是正常的人情世故。

迎接客人时，首先要衣冠整洁、仪容端庄，这是所有做主人的通礼，以示主人的真诚与恭敬。《弟子规》讲的**“冠必正，纽必结”**，就是这个道理。古代宾客相见时，特别讲究这一点。

如果是尊贵的客人，主人还要穿上正式的礼服、锣鼓喧天地迎接。《诗经》说，**“呦呦鹿鸣，食野之苹。我有嘉宾，鼓瑟吹笙。”**主人鼓瑟吹笙迎接嘉宾的到来，就是在传达这种热情。《礼记·乡饮酒礼》说：迎宾时，主人需迎宾客在乡学门外，并向众宾客行礼。古代的乡学，一般都设在村口。就是说在客人快要到达时，主人应到村口外迎接客人。现代人一般住在社区，普通客人在小区大门口或所居楼房单元门口迎接，尊贵客人要到车站迎接。如果是远道的贵客来临，我们作为主人，还需要到车站、机场去亲自迎接，并且举行隆重的迎接仪式，以示欢迎。

接待客人，不仅仪容要整洁，迎接要恭敬，茶果饮食要齐备，待客还要热情，并把家中环境打扫得焕然一新、清洁整齐，这才是迎宾待客之礼。同时，如果有远方的客人到来，还要安排客人的住处。《常礼举要》说，远方客人专门到来，要准备寝室，客人走时要望车远去，始能返回。此外，还要为客人准备好拖鞋、牙刷、毛巾等生活用品，引导客人上卫生间、沐浴的位置和使用方法，让客人感到轻松、愉快，有一种宾至如归的感觉。主人家里如果没有客房，应事先预订宾馆，这是主人应尽的责任，也是知礼的表现。

切记：客人到来时，不可以待在家里，除非你是尊长。同时，要给远客安排住宿，热情款待，否则，是违背礼仪规矩的。

为来宾引路，请客人先入座

主人迎到客人后，要向客人施礼问好。熟客要寒暄，生客请姓名字号，年迈的客人，要双手搀扶着对方，以示关心。然后引导客人往家走。《礼记·曲礼上》说：**“凡与客入者，每门让于客。”**就是说，主人在前边引路，但每进入一道门时，主人都要请客人先走，包括单元门、入户门等。同时，客人也要谦让，推辞让主人先走。然后，主人稍前于客人，方便引路。这样做是对客人的尊重，是作为主人的应有礼仪，也是主客互相谦让的表现。

进入室内，要有次序地站立恭迎，并上前致礼问好。如果室内有其他客人，怎样介绍客人才符合规矩呢？《常礼举要》说，如果室内有其他客人，应按如下顺序介绍：先将年幼者介绍给年长者、位低者介绍给位高者，再将年长者和位高者分别介绍给年幼者、位低者。如果是年龄相当的客人，则应该将先到者介绍给后到者，再把后到者介绍给先到者。

客人进门后，主人应将客人让到尊位入座。宾主对坐，要注意坐姿。《礼记》中说“坐必安”，意思是坐下时身体要安稳，不要来回晃动或跷起二郎腿，或者不停地抖动腿，这是对客人的不敬。需要特别注意的是：如果是平辈，主人请客人先坐，客人不会先于主人坐下；客人要谦让，请主人先坐；主客谦让后，双方共同坐下。如果接待的客人是尊长，主人是不能先于尊长坐下的，这是傲慢的行为，是严重违背礼仪的。

沏好茶迎客，泡茶有讲究

饮茶，在中国是一个古老的习惯，闲来无事，邀两三个好友，品一壶好茶，已形成茶道文化，尤其是客人来了，一定要拿出好茶敬客，所以也形成了很多规矩。

茶道讲究的是清洁、恭敬、优雅。在为客人泡茶时，如果用手直接抓取茶叶，这是违背传统礼仪的。从卫生角度来讲，虽然茶叶经过开水的浸泡，但是同样会影响客人的心情；从待客角度来讲，这样做太随意了，是不恭敬的行为。

饮茶也是一种文化，是一件很精致优雅的事情，这样做会让饮茶失去文化韵味，失去品茗的优美意境。因此，为客人沏茶时，应使用专门的茶夹或竹木勺，轻轻取茶，慢慢地放入茶器浸泡，忌用手直接抓取茶叶。而掉落的茶叶，也不能再放进茶壶或茶杯中。泡茶所用的水必须烧开，这样既干净卫生，又能让茶味更加醇厚香甜。用不开的水给客人泡茶，是有失礼仪规矩的。用水杯泡茶时，要轻拿茶杯柄。没有柄的茶杯，手要轻握在水杯底部，不能把手指或手掌扣在杯口上，这是对客人不敬。茶壶和茶杯的盖子，要轻轻地向上摆放，不能直接扣在桌面上。此外，茶具一定要完整洁净，让客人饮着舒心，这是基本的礼仪规矩。

用茶杯泡茶，可以分为两个步骤：首先将茶水冲到三分满，投入茶叶，待其舒展开后，再冲入七分满，慢慢浸泡。如果用公杯给客人分茶，要保持同一道茶或同质量的茶水，依次分给不同的客人，这是茶道的公平性。

其次是斟茶的多少。饮茶过程，宜慢不宜快，宜静不宜动，因此在倒茶的时候不可倒满，斟茶到七成即可，如此才能慢品细谈。这种“七分满”的浅茶，也是为了尊敬客人。因为茶是热的烫的，如果满杯热茶，敬茶端茶时，容易洒到身上，甚至烫着客人，有时还会因被烫到而导致茶杯落地打碎，破坏了优雅清静的环境。

此外，当我们正与客人一边喝茶一边聊天时，忽有新客来访。这时，我们不仅要立即起身表示欢迎，还要立即给客人沏新茶。否则就会有怠慢新客之嫌。新茶泡好后，要先给新客敬茶。同时，当茶叶反复浸泡几次，茶水由浓郁变得无色无味，即“无茶色”时，也要及时更换茶叶，再重新沏茶敬茶。用“无茶色”的茶水招待客人，或客人空杯主人不续茶，会让客人觉得主人态度冷淡，有逐客之嫌，是违背礼仪的。

茶座有次序，喝茶有规矩

“坐，请坐，请上座。茶，敬茶，敬香茶。”这是郑板桥有名的茶诗，深刻地反映了茶礼仪的美妙，包括入座的次序差别。如果在家中招待客人饮茶，按正常主宾入座即可；如果请客人在茶馆品茶，座位、喝茶都有一定的变化和要求。

首先，饮茶时，由于客人要面对主人或泡茶者围桌而坐，且茶桌形状不一，所以入座时可能不像餐桌那样座次分明。

一般原则为，入座时，请尊长坐上座，年幼者次之，主人坐下座，为大家沏茶。待宾时，主宾坐上座，副宾次之，主人再次之。但很多人在饮茶时，没有按正常座次入座。这时，主人可以先敬主宾或尊长，然后顺时针旋转敬茶。无论茶桌什么形状，都应遵循先宾后主、先尊后幼的礼仪规矩。

其次，选择茶馆待客时，一定要幽静整洁、优雅舒服。切忌选环境嘈杂脏乱之所，这是违背礼仪的。而饮茶之人，着装也应素雅舒适、大方得体，不要袒胸露背，不要奇装异服，不要浓妆艳抹，不要高声喧哗，不要抽烟，仪容要整洁，手要洁净，言行要文雅，要符合礼仪，这样才与整体环境相符，才能让自己的心静下来，才能体会饮茶及茶文化的妙趣。

同时，无论在家里喝茶还是茶馆喝茶，都要把握好时间。因为喝茶没有明确的固定时间，不像开宴饮食，吃完饭没有其他事，就该准备告辞了。而饮茶则不同。一壶茶，喝完再加水，茶味淡了，可以再换茶，反反复复，无限添加，可以

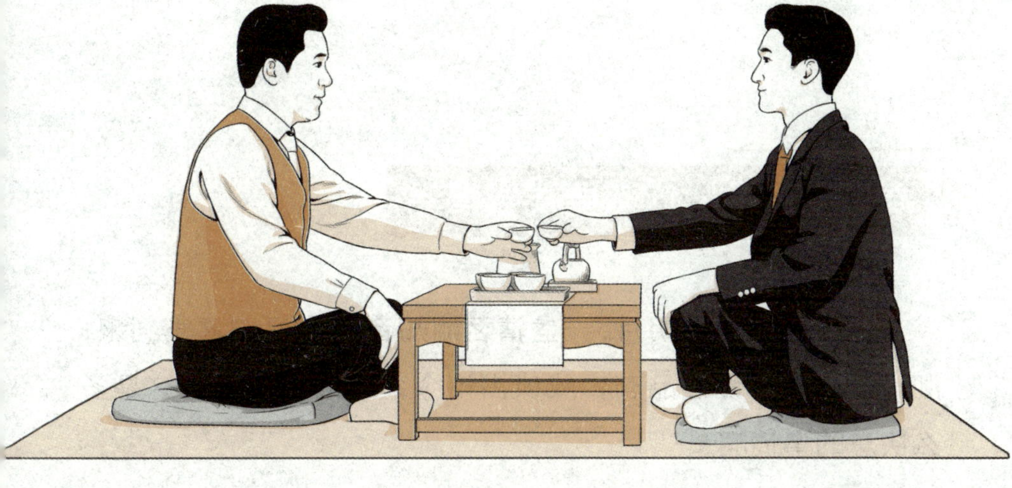

谈半小时，也可以品饮一整天。所以，在很多地方有主人“敬三道茶”的礼俗，也就是敬三壶茶。第一道茶，主人沏茶，客人微微品尝。第二道茶，茶味充分散发，客人可以慢品细谈。等到主人为客人泡过第三道茶，品饮快完时，客人就应该起身告辞了。当然，如果主人执意真诚地挽留，就可再继续坐下慢饮细品。否则，会耽误主人的其他安排，是违背礼仪的。

另外，古代还有“端茶送客”的规矩，即客人起身告辞时，主人要端起自己的茶杯，以示欢送。后来，有的主人感到客人无趣，在此无休止地品茶，自己又不好明说，让客人离开，于是就频频举杯，作为示意，下逐客令。家人看到马上会喊一声“送客”，客人就该知趣地离开了。所以，当主人不停地举杯，或者用“无色茶”、空杯茶待客时，就要懂得及时告辞。

奉茶要恭敬，饮茶要浅尝慢品

“半壁山房待明月，一盏清茗酬知音。”当好友嘉宾到来，沏一壶好茶，慢慢品茗，或谈古论今，或怡心抒情，这是多么快意的事情啊！

给客人敬茶时，要双手奉上，特别是给尊长敬茶。奉上茶后要说“请用茶”，并将茶杯放置到客人的右手处，将茶杯的把手转向客人。不要用单手递茶杯，这是不恭敬的行为。如果按座位次序入座的，就按入座顺序敬茶，先敬宾客，后敬家人，再给自己斟茶。如果客人入座时没有按次序，就先敬尊长或主宾，再敬其他宾客及家人。无论何种顺序，都是最后给自己沏茶。这是谦让的表现，也是敬茶的基本礼仪。

同时，主人敬茶时，客人要微微欠身，双手接过茶托，并对主人或敬茶者说“谢谢”，或者用手指在茶桌上轻叩两次，以示感谢，不可安如泰山般受之无愧，也无任何表示，这是傲慢的行为，是对主人的不敬。如果是长者敬茶，客人还要恭敬地站起来接受并还礼致谢。

斟完茶，不论客人还是家人，大家边细聊边浅尝，要小口、慢品，悠悠茶香，浓浓情谊，回味无穷。切不可“牛饮”或“一口闷”，这样既不文雅，也不符合礼仪。当客人杯中茶水将尽时，要及时为其续茶，不可使客人空杯。空杯，是对客人的不敬，失了规矩。如有精致的小点心，可放在客人右上方，供其慢慢享用。如果还有其他文艺节目表演，就更是锦上添花。看着晶莹的茶水，品着茶香，赏着节目，口中甘甜，心旷神怡，“欲把西湖比西子，从来佳茗似佳人”，真是妙不可言，这就是很多人喜欢饮茶，喜欢以茶道交友奉客的深意。

待客要热情，交谈时忌冷场

《弟子规》说：**“凡是人，皆须爱。天同覆，地同载。”**对待客人更应如此，要对所有客人都保持恭敬仁爱之心，要热情待客，照顾周到。可是，在招待很多客人时，往往会因为疏忽而冷落了个别客人，要特别避免这类情况。同时，一定要提前向大家真诚地说“今天客人多，如果照顾不周，请大家多多包涵”等致歉的话。切记：冷落任何一个客人，都是对全体客人的不敬。如果故意冷落某个客人，就等于向大家暗示：某个人不适合和我们在一起。这有挑拨离间的嫌疑，是违背待客之道的。当然，某个客人的行为非常无礼，甚至影响大家时，也可以含蓄地提醒或真诚忠告。

当家中有客人时，主人要保持笑容可掬，热情以待，尤其不能当着客人的面与家人争吵。因为这样会让客人感到自己来得不是时候，非常尴尬；这样也容易被客人认为是“指桑骂槐”，误以为真正的矛头是指向自己。这样做不仅有损主人的形象，对自己不尊重，还对客人不尊重，是严重违背礼仪规矩的。《常礼举要》说，家庭之事，不可向外人说，说的正是这个道理。因此，有客人时不要与家人发生口角或争执。如果与家人产生矛盾，应待送走客人之后再解决。

如果客人带小朋友来了，孩子们往往可能会因为好玩的玩具、好吃的食品而发生争执，这是违背礼仪的。《三字经》说：“**融四岁，能让梨。弟于长，宜先知。**”这就是礼的精神——谦让。我们应该让自家孩子主动拿出好吃的、好玩的和小客人一起分享，这才是知书达理的表现。正如《童蒙须知》所说：“**凡饮食之物，不要争较多少、美恶。**”同时，我们要建议

自己的孩子尊敬小客人，要对小客人友好，不要让自家孩子对小客人做不友好的事，说不友好的话，不要让自家孩子因为父母对小客人的热情照顾而嫉妒或生气，甚至因为一点小事就大吵大闹，这是违背待客之道的。

此外，待客交谈时忌冷场。如果主人不说话或说话太少，客人就会感到尴尬和无聊，有不受欢迎的感觉。如果客人的某个话题使主人不开心，主人和客人发生争辩甚至争吵，更是违背礼仪。待客本是宾主尽欢的场景，如果冷场或不欢而散，“礼仪”二字就无从谈起了。需要特别注意的是，现代人手机不离身，会客时，如果不是与对方愉快地交谈，而是一个个成为“低头族”，不停地玩游戏、查看信息。这些情况，无论主人还是客人，都是对对方的不尊重，是不懂礼仪的。

依依送别客人，感谢客人的礼物

“李白乘舟将欲行，忽闻岸上踏歌声。桃花潭水深千尺，不及汪伦送我情。”李白的这首诗不仅被千古传诵，更让后人记住了汪伦的送别情，记住了汪伦与李白的深情厚谊，让人无限回味。所以说，迎宾是待客的序曲，送客是待客的结束曲、压轴戏。古人为什么非常重视送客的礼仪？因为有始有终才是真正的待客之道，也是为人之道。而送客礼仪，重在一份依依不舍的情谊。无论接待哪位客人，当客人准备告辞时，我们都要真诚挽留。如果客人执意要走，主人应先等客人起身后，再起身相送。不能客人一说告辞，主人马上起身高兴欢送，这样有逐客之嫌，是违背礼仪的。

主人送客，如果对方是晚辈，那么主人送到门口道别就可以了。如果对方是尊长，那么主人则应该送到楼下或小区门外。远路的贵客还应该送到车站、码头、机场等地再道别。《弟子规》中说：**“过犹待，百步余。”**意思是说，目送尊长离去后，大概离开百步，或者走出一定距离，已经转弯了，不再回头时，主人才能转身回去。如果客人走时是自己驾驶车辆，主人应该等汽车开动行驶一段距离，消失在自己的视线中，方可转身返回。**“故人西辞黄鹤楼，烟花三月下扬州。孤帆远影碧空尽，唯见长江天际流。”**此诗描绘的就是这种唯美意境和脉脉温情吧！

此外，客人来访时，通常会带一些礼物，可谓**“千里送鹅毛，礼轻情意重。”**对此，我们在迎客或送客时要有所反应，要真诚地感谢客人的心意。主人应在客人告辞时，回送一些本地特产，或回送有象征意义的礼品，尽量不要让客人空手回去。这是对客人的尊重，是轻视财物、重视情谊的体现。《仪礼》中有士相见之礼，拜访的人必带礼物，主人会推辞不敢承受，但最后会收下礼物。主人会择期回礼，践行礼尚往来、彼此尊重之义。所以，千万不要受之无愧似的若无其事，没有任何感谢或表示，这是违背礼仪的。此外，客人说走时要真诚挽留，分手时应热情而郑重地与客人说“路上慢走啊”“期待您再来”“常联系啊”等送客用语，这都是待客的规矩。

做客时注意仪表，预约拜访时间

《礼记·曲礼上》说：“**往而不来，非礼也；来而不往，亦非礼也。**”所以，当有人来家做客后，我们也要安排时间回访。迎宾时需要衣冠整洁、仪容端庄，而做客时同样需要仪容整齐干净，这是做客的基本礼仪，也是为人的通礼。《礼记·内则》中记载，男子未行冠礼、女子未行笄礼的人，鸡叫头遍，就要起床洗漱，梳理头发，穿戴整洁，佩戴香物，在家中梳妆打扮好后，再出门与人交往。《论语》又说“**出门如见大宾**”，一定要恭敬严谨，认真对待。所以，在拜访亲朋尊长之前，一般要洗漱干净，使头发整齐、面容洁净、衣帽齐整得体才出门。而女性访客，还可以再精心化一点淡妆，这样既符合礼仪，还能使人精神百倍、气质提升。

有一种规矩是：去别人家做客，提前打招呼。如果什么都不顾虑，做突然的“上门客”，很多时候带给对方的不是惊喜，而是“烦恼”，容易令人心生反感。无论关系远近，去别人家做客，切不可贸然到访，一定要提前预约，考虑对方是否方便接待你。要询问对方什么时候方便，让对方做好准备，再登门拜访。否则，突然造访，会给对方带来很多不便。如：他们因为家里比较脏乱，来不及收拾，或者家中正招待着其他亲朋，或是原本正准备出门办事，因为你的到来而显得手忙脚乱。

提前预约，要先征求主人的同意，最好确定准确时间，是否在对方家用餐，大约有几个人去，去的目的是什么，都宜事先告知一声，这是最起码的礼仪规矩。此外，还要避免拜访时间过早或过晚，或者在用餐前后、午休时间拜访，尽量不给对方增添麻烦。

拜访的时间一旦确定，一定要准时到达，或者提前几分钟，不要迟到，也不要过早到。不遵守时间是失信、失礼的行为。如果双方路途较远，在不能确保路况的情况下，一定要提前上路，防止因堵车等因素而迟到。如果路上有特殊情况，要向对方说明情况并请求谅解。同时，到达的时间也不宜提前太多，这样可能会打乱对方的安排。这些都是对别人尊重的具体行为，是访客的基本礼仪规矩。

提前准备礼物，不宜空手做客

有一条不成文的规矩：**“不要空手去别人家做客。”**在拜访尊长或回访亲朋好友时，带些礼物去串门做客，这是应有的礼貌，也体现了人情味。特别是拜见尊长时，两手空空去拜访是违背礼仪规矩的。正如《礼记·曲礼上》中说：**“不以挚，不敢见尊者。”**“挚”是礼物，又是亲密、诚恳的意思。而古代通常用雉（野鸡）作为礼物。为什么用雉呢？古人认为雉“交接有时”，非常守信。那么送礼物有什么讲究呢？

无论我们送给别人什么礼物，我们的态度都要谦虚恭敬，要面带笑容，目视对方，切不可有傲慢之态，甚至有救济施舍之心，这是严重违背礼仪的。尤其是读书人，很多骨子里是清正高洁的，如果不是正当理由或合适的关系，是不会随便接受别人礼物的，更何况是无礼的行为呢？所以，送礼物时一定要诚心诚意，千万不能有傲慢、施舍之态，也不要说“这是临时为您买的”“这是我家里用不完剩下的”等类似的话语，这样会让对方产生不被重视，甚至不被尊重的感觉，对方有

可能拒绝你的好意。同时，送别人的礼物再好、再精心准备，也要谦称“礼物微薄，不成敬意”或“区区薄礼，万望笑纳”。

平时你向别人赠送礼物时，如果对方家里正好有其他客人在，要尽量避开他人。否则，会给收礼人爱人财物之嫌或造成其他不良影响。而且先来的客人如果空手而来，也会让人家觉得很尴尬。如果是初次见面，又携带薄礼，就不用避开先来的客人，说明送礼的正当理由，并将薄礼恭敬地送上即可。

同时，送别人礼物时，除非特别熟悉的朋友，不能明问对方喜欢什么样的礼物。中国人自古以来都以含蓄、谦让著称，别人送我们礼物时，我们一定要谦让、推辞，不能直接说自己喜欢什么，否则，就等于迫不及待地想要对方送自己礼物。赠送礼物时，我们需要细心观察对方喜好，或从旁人口中了解对方喜好，以避免禁忌，选择合适的礼物。当然，如果赠送的对象是西方人，是可以直接问的，只要真诚地问对方，对方一般会开心地告诉你，再按照他的喜好购买赠送即可。这就是东西方文化及礼仪的差别之处，但中国人在遵守自己礼仪的同时也应入乡随俗。

叩门有讲究，进门后要使门保持原状

到达主人家所在的社区后，如果主人下楼或在门外迎接自己，就按主人的引导走。如果主人没有迎接，在到达门口时，如果门是关闭的，要先轻轻叩门，或者轻按门铃。叩门或按铃三次即可，然后向后退两步，静候主人来开门。《常礼举要》说：“**先立外轻轻叩门，主人让入方入。**”不要重重地拍门，或者连续不断急促地按门铃，这是违背礼仪的。如果门是虚开的，而且屋内谈话的声音很小，不要贸然进去，要提高声音说话，以引起主人的注意。《弟子规》说：“**将入门，问**

孰存；将上堂，声必扬。”千万不要贸然进入，或站在门外倾听，这种行为有打探他人隐私的嫌疑，是对别人的不尊重。

《礼记·曲礼上》说：“**户开亦开，户阖亦阖。有后入者，阖而勿遂。**”意思是去别人家做客时，进门时门是什么样的，进入后还要保持什么样。如果后面还有人来，要关门也不要关紧。特别是拜访异性朋友时，如果主人不安排关门，客人更不能关门。这是提醒我们，作为客人，既要尊重主人的意愿和安排，也要处处想到别人，不要因为自己后入室而打乱先入者的状态，也不要因为自己先入室而让后入者不方便。

入座有先后，与人谈话要谦逊

《常礼举要》说：“**晋谒长官尊长，应先鞠躬敬礼，然后就座；及退，亦然。**”也就是说，与尊长相见，要先施礼。就座时，尊长请我们入座，我们要谦让推辞，请尊长先坐。主客双方谁的年龄大、辈分高、职位尊，谁先入座。如果年龄、辈分、职位相仿，那么主客可以同时入座。切记：主人还没有坐或礼让，自己就先坐下了，这是违背礼仪规矩的。

此外，现代人用握手礼代替作揖礼，与妇女行握手礼时，应待其先行伸手后，自己再握手，时间要短，不要用力；尊长与我们握手时，应双手捧握尊长的手，以示尊敬和亲切。

孔子说：“**三人行，必有我师焉。**”我们入座后，在与主人谈话时应谦虚恭敬。如果主人正在谈论某个话题，不要随意打断或插话，不要与主人发生争辩。特别是主人是长者时，更应该注意，“**主人不问，客不先举**”，引导话题的应当是尊长。此外，“**不辞让而对，非礼也**”，尊长有所问时，晚辈应该先谦辞一下，待尊长再次发问后，就可以把自己所知道的慎重表达。这种低调谨慎的态度，是我们的优良传统，也合乎礼仪。还有，在听主人谈话时，要专心地注视对方，并仔细倾听，这是尊重主人的表现，正如《礼记·曲礼上》所说：“**正尔容，听必恭。**”如果心不在焉，目光游移不定，那是不尊重主人，也是懈怠不虚心的表现。

不挑剔主人的饭菜，不唉声叹气

到别人家做客进餐时，不要挑剔主人的饭菜，这是做人的规矩。

每个人的口味不同、厨艺不同，饭的味道自然不同。不要嫌弃主人做的饭菜不合胃口，再重新自己调味，或者评价这个菜咸了、那个菜淡了，或者干脆一口也不吃。这会让主人感觉准备不周，内心会尴尬不安。要懂得照顾主人的感受，这是基本的礼仪。《常礼举要》说“**不挑剔食之美恶**”，主人做什么，客人就吃什么，要对主人的热情款待表示感谢。而客随主便，也是做客的基本礼仪。同时，如果是请客人来家吃饭，我们要主动询问饭菜是否可口、咸甜是否适中，要尽量满足客人的口味，做得不好的地方要请客人多多包涵。

进餐时，不要当着主人的面张嘴剔牙，这是极不雅观的行为。如果牙缝有食物，实在塞得难受怎么办呢？最好去洗手间处理。如果条件不太方便，可以微微侧转身体，用另一只手掩住口再剔牙。用过的牙签及剔出的食物，要用餐巾纸包住，放入垃圾桶。切记：不要把用过的牙签及剔出的食物放在餐桌上，这是对其他人的不敬，也是不符合规矩的。

做客时，也不要唉声叹气。试想，大家准备吃饭时，你唉声叹气的，人家会有什么感觉？是主人招待不周吗？还是对饭菜不满意？这会使主人很尴尬的。《礼记·曲礼上》要求人们在进餐时“**当食不叹**”，即不要在饭桌上叹气，那样会破坏宴会的气氛。不要因为自己脸色难看、心情不好而打破整个宴席的氛围，让大家觉得扫兴。这是对主人的不敬，也是对大家的不尊重。

菜肴不要全吃完，感谢主人的款待

在主人招待我们吃饭时，应该把握一条原则：菜不好吃，也应该少吃一点；菜再好吃，也应该留一点。特别是主人做的菜肴再好吃，也不能吃得盘净碗光。把主人做的菜全部吃光，是贪吃的表现，也暗示主人做的菜少了，需要再加菜。万一主人准备的饭菜不多，就会陷入尴尬的境地。所以，懂礼的客人，即使没有吃饱，也一定要把菜肴稍微剩下一点，这是为了主人着想。当然，盛在自己碗里的饭要吃完。也就是说，个人碗里的饭菜不要剩，公盘中的饭菜要余一点，这就是做客的规矩。同时，如果主人准备的菜肴很丰盛，就尽量多吃点，别浪费了佳肴。

当主人端上一道道美味佳肴时，客人一定要先真诚地赞美与感谢后再吃。不能无动于衷，只顾自己吃喝，没有任何表示，好像理所当然一般。这是傲慢无礼的行为。而感恩之心既是做人之道，更是宾主尽欢、氛围融洽的礼仪精神。杜甫诗中说：**“夜雨剪春韭，新炊间黄粱。主称会面难，一举**

累十觞。十觞亦不醉，感子故意长。明日隔山岳，世事两茫茫。”描写的就是这样唯美、温馨、温情亦感恩的画面，可谓质朴而诚挚、平易而真切，浓浓的情谊跃然纸上，让人无限眷恋与珍重，回味无穷。

此外，做客吃饭时，没有特殊情况，长时间离开餐桌是一种失礼行为。如果有电话进来，可以简短表述，或者告知对方随后再回电。有特殊情况，要向主人说明，请求谅解。千万不要长时间耽搁，让主人等待，或者在不告知主人的情况下擅自离开，这是对主人的不敬。

不翻主人的物品，适时向主人告辞

很多人去别人家做客时，进门后由于新鲜好奇，就到处“探查”，并拿出新鲜物品“鉴赏”一番。这种翻看主人物品的行为，既是对主人的不尊重，也是违背礼仪的，是没有教养的。切记：未经主人允许，我们不能乱翻主人家中的物品，尤其是不能打开主人的抽屉、柜门，翻看主人的笔记本、照片等私密性的物品。此外，未经主人导引，也不要随意到主人房间走动或察看，特别是卧室等私密性房间。

拜访朋友、同学等，无论是德高望重的长者，还是志同道合的朋友，或是多年未见的同学，该办的事情已经办完后，就要适时告退，并懂得主人的委婉提醒。例如《常礼举要》说：“**主人欠伸，或看钟表，即须辞出。**”意思是主人不断打哈欠，或者看时间的早晚，说明主人在提醒你了，这时你就要告辞了。再如拜访朋友时，又有其他客人拜访，而自己的事宜已经谈完，就要适时向主人告别，并再次真诚地感谢主人的款待。作为客人，一定要善于观察，体会主人的意图，明白主

人的委婉提示。否则，会面时间过长既影响主人休息或做其他事情，也让主人对你产生不好的印象。

切记：客走主人安，不要一直不说辞别，主人也许还有其他安排呢！况且主人劳累了很长时间，也该让主人休息一下了。主人送别时，要请对方留步，并热情而真诚地邀请对方有时间到自己家里做客。

这些都是做客时应该懂得的礼仪规矩。

处世篇

心中有规矩，行为定方圆

CHUSHIPIAN

朋友相处有规矩，相敬互信是前提

在为人处世中，朋友是非常重要的关系。所以，古人将朋友划为人生“五伦”中重要的一伦，其相处之道，有很多讲究。

很多人认为，朋友彼此熟悉了解，亲密信赖，有福同享，有难同当，讲究礼仪规矩显得关系生疏。其实，这种人没有意识到，朋友关系的存续是以相互尊敬为前提的，容不得半点强求、怠慢、干涉和控制。互相尊敬信任，是友情长久的基础。很多朋友以相惜相敬开始，因怠慢不敬而分手。所以，

朋友之间再熟悉、再亲密，也不能随便过头，为所欲为，甚至失去礼仪精神。当心中有不敬的意识和行为时，和谐关系将会消失，友好的关系将不复存在。

那么，怎么做才算是对朋友的尊重呢？

首先是互相尊敬。《论语》说：“**晏平仲善与人交，久而敬之。**”一般人与人交朋友，相处久了，往往是非亲即疏。而晏婴与人交朋友，相处愈久，对人越敬重，所以别人对他也是越敬重，朋友关系相处更亲密。而维持朋友之间的这份敬重，就是遇事有礼有节，懂得宽容对方，充分理解对方，处处维护朋友的利益和声誉等。这是尊重朋友的具体表现。

其次是互相信任。孔子说过“**民无信不立**”，没有诚信的人就无法站立。孟子说过：“**诚者，天之道也；思诚者，人之道也；至诚而不动者，未之有也；不诚，未有能动者也。**”意思是诚是天道，做到诚是人道。因为天是真实不欺骗人的，做人也应该诚信不欺。至诚能感动人，不诚则不能感动人。

讲信用，是中华民族的传统美德，是为人处世极为重要的品质，更是一个社会赖以生存和发展的基石。一个人如果与朋友交往却言而无信，就像车子没有发动机一样，在社会上寸步难行。如果彼此不相信，其友谊的小船也就说翻就翻了。因为没信用的人说的话，别人会怀疑；没信用的人做的事，别人也会怀疑。永恒的友谊是靠朋友之间长期的互相信任，一步步累积起来的，不讲信用只能让朋友远离自己。

所以，尊敬互信是朋友之间的基石，也是为人处世的规矩。

对朋友要真诚，有困难及时帮助

俗话说：“忠诚的朋友是无价之宝。”彼此忠诚，是朋友相处的基本法则，包括可以互相信任、能及时帮助、能彼此倾吐心意，并能在困厄之中坚守朋友之义。而破坏友情莫过于使用欺骗的手段。有些人，为了快些赢得朋友，就采用谄媚的方法，尽说好听的话，不管其是否真实，甚至答应的事却不能办，让对方感觉虚伪无信。时间久了，朋友关系就有了裂痕。记住：谄媚就是不诚实，会摧毁友谊。只有充满真诚的言行，才能赢得别人的心，交到知心的朋友。

友谊，不仅仅是在欢声笑语中和睦相处，更是要在困难挫折中互相帮助，相濡以沫。俗话说“患难之交才是真朋友”。人在遇到困难时，总渴望得到别人的帮助，更不用说期待好朋友的帮忙和安慰了。如果对朋友遇到困难视而不见，势必让朋友感到失望和寒心，严重影响朋友间的交往。

所以，在朋友需要你帮助的时候，一定要及时到场并真诚地伸出手去帮朋友一把，使朋友渡过难关。如果朋友遇到挫折或人生大事，例如家庭变故、婚丧嫁娶、修房盖屋、突然失业等情况，要第一时间打电话或当面慰问，并对其提供力所能及的帮助。这样做能让朋友感到友谊的温情，体验到朋友间的关怀。当朋友从你这里体验到了友谊的美好，你们之间的友谊将会越加深厚坚固。

不嘲笑犯错的朋友，少发牢骚

人非圣贤，孰能无过。人只要活在这个世界上，总会做出不正确的事情。当人意识到自己犯错的时候，非常需要朋友和亲人的帮助和安慰。特别是朋友，往往是首先倾诉的对象。真正的朋友不仅会开导我们，还会想方设法帮我们纠正错误。拥有这样的朋友，我们会觉得很开心。而有的朋友，当我们犯错时，不仅不会安慰我们，还会对我们嘲笑一番。他们不会在乎我们的感受，甚至把我们的错误当成笑话到处传播。这样的人会给朋友的情绪造成不良的影响，让人不愿意与其深交。因此，当朋友向我们倾诉这些事情时，一定不要嘲笑他们。

同时，朋友相处时间长了，难免有一些不如己意的地方。如果不如意的事情积压多了，就会影响对朋友的态度，包括恭敬之心。所以，平时与朋友交往，不要斤斤计较，要学会宽容、理解，换个角度看问题。如果实在想不通，可以积极主动地交流看法，听取彼此的不同想法，因为立场不同，看问题的角度不同，所以对待事物的处理方法肯定有异。而自己认为对的事情并非全对，自己认为错的事情，也许是对方疏忽，也许是无意造成，也许本来就是一场误会。千万不要自己长期想不开，又不积极地去解决，还时时抱怨对方的不是。这不是真诚交友之道，这种状态下的朋友关系，也不会长久维持。

记住，经常抱怨别人只能使朋友关系恶化，并且也是违背礼仪的。

维护朋友的隐私，不背后议论朋友

每个人都有自己不愿意被外界打扰的私人空间，即使是好朋友之间，也不能例外。所以，如果朋友不愿意让你知道的一些事情，或者不愿意多谈的一些话题，你一定不要去强迫他。记住，越是好朋友，越要懂得维护对方的隐私，这样友谊才会长久。有时候，好朋友把一些难言之隐告诉你，是希望寻求你的帮助，即使你帮不上忙，也一定注意：不要把他的隐私四处传播出去。不要辜负朋友的这份信任，否则，朋友关系很可能会破裂。

曾国藩说：“**择友为人生第一要义。一生之成败，皆关乎朋友之贤否，不可不慎也。**”能交到贤人固然庆幸，但至少要分清一些不贤之人。比如，有的人当着朋友的面说好话，一转身就议论朋友的是非。这种做法不仅严重违背礼仪，也是“不贤”之人。因为“**说人是非者，必是是非人**”。

同时，人的思维、阅历、立场、性格、知识等存在差异，反映在同一个问题、同一件事情上，不同的人就会有不同的认识。所以，很多时候，朋友之间要求同存异，即使有问题争论，也只是观点不同，有分歧应该坦诚地当面交换意见。有的人当面不明说，喜欢在背后说三道四，甚至上升到大是大非的高度，这不仅给朋友留下“两面人”的印象，让双方的友谊破裂，还会让人认为品质有问题。因为“**君子绝交，不恶于言**”。

此外，朋友之间要保持一定的“距离”。距离太近，关系过于亲密，也容易产生矛盾。很多人认为，好朋友可以没有距离，甚至说话不讲方式，不讲场合，想调侃就调侃，想说就说，没有一点忌讳，这都是违背朋友相处规矩。有的朋友天生敏感，可能“**说者无意，听者有心**”，说不定哪句玩笑话就触及了对方的痛处；有的正规场合，特别是有陌生人在场，你的玩笑可能让他感觉不受尊重……所以，朋友之间要把握“距离”，不能太远也不能太近；要把握分寸、场合和说话的态度，不能以自我喜好为中心，而不顾及朋友的感受。否则，朋友会对你敬而远之，甚至绝交。

劝人要适度，与残疾朋友的交往规矩

人人都有弱点、缺点和错误。既然是好朋友，就有规劝之道义。所以古语说“**幸得一诤友，人生无大过**”，又说“**良药苦口利于病，良言刺耳利于行**”。但是，如果好朋友不听从自己的良言，又该怎么办呢？《论语·颜渊》记载：子贡问交友之道。孔子说：“**忠告而善道之，不可则止，无自辱焉。**”就是说，朋友有了不对的地方，诚实地忠告他，好好地引导他，已经尽了朋友的责任；如果对方不听，也就算了，不要以为关系很铁，再三强硬地规劝，那就会自取其辱。另外，劝谏朋友之时，也要注意场合，尽量在私下规劝，不在大庭广众下劝谏，以免朋友觉得颜面有失；规劝的言辞也应至诚恳切、温和平顺，不可太犀利、太尖锐，也不要把话说满，要留有余地。否则，不但达不到规劝的目的，还可能失去要好的朋友。

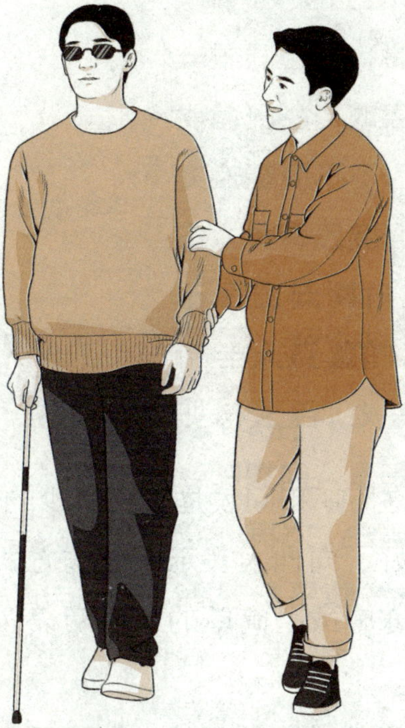

此外，当我们有残疾朋友时，我们要格外重视与他（她）的交往。我们要从思想意识上理解他们，从语言行为上特别尊重他们，例如，和他们交往时注意使用敬辞，打招呼时眼睛要正视对方，不要故意模仿残疾人的说话和动作等。在帮助残疾朋友之前，应先征得他们的同意。如果未征得同意就贸然去帮助残疾朋友，往往会伤害他们的自尊心，使“帮助”适得其反。在与残疾朋友交谈时，如果不是特别亲密，不要询问其致残的原因和残疾的状况，避免涉及他们的隐私和伤痛。在话题上，最好是淡化残疾色彩，把他们与健全人同等看待。

打招呼有规矩，说话声调有学问

为人处世，打招呼和问候是必不可少的，在各种场合中，这是互相表现友好、向他人表示亲近的方式。见面问候，虽然只是打招呼、寒暄或是简单的三言两语，却代表着我们对他人的尊重。

打招呼时要看着对方的眼睛。眼睛是极能传情达意的器官，目光是人际交往中重要的交流媒介之一。如果没有眼神的交流，礼貌而得体的交际就无从谈起。

打招呼时不看对方的眼睛，首先会让对方怀疑你不是在向他打招呼；紧接着，对方又会质疑你的诚意——你是害怕他、讨厌他，还是看不起他，不屑与他打招呼……这样是不是在无意中就得罪了对方呢？

打招呼时不看对方的眼睛，就无法让对方感受到尊重。看着别人的眼睛说话，才不失礼仪，这个招呼才算得体。如果不习惯看人眼睛，也可以看对方眉毛之间、额头、鼻梁。打招呼时，态度要热情大方，说话要吐字清晰；打招呼时，

目光不要游移不定，不要不停地四处逡巡，也不要目不转睛地盯着对方。

同时，与人打招呼时，你的说话声调也很重要。一样的话语，不同的说话声调，意思可能会大不相同，如果不加以注意，可能会让对方不高兴。例如：和获奖者打招呼，称呼获奖者时声调夸张，对方会以为你不是在祝贺他而是在嫉妒他、奚落他；在楼道里称呼比自己成绩差的同学时语调尖刻，对方会以为你看不起他；在涉外场合称呼外宾时声音过于甜腻，对方会以为你虚伪而谄媚；自己心情不好时称呼别人带着抱怨的语气，别人会以为你对他有意见；自己兴高采烈时称呼一个刚遭遇不幸的人，对方会以为你幸灾乐祸。

所以说，声音能充分传达感情。一般来说，称呼别人时，音量要适中，声调应和缓、热情，表情和姿态要大方、从容。在同一个场合，分别称呼同时在场的几个人时，声调、语气和音量不要有明显变化，以免给人造成不必要的误解。

晚辈要先向长辈打招呼

尊重长辈是中国的传统美德。路上相遇、上门拜访，长辈已经向你投来问候的目光，你却面无表情，径直走向对方，死活不肯张开“金口”，这于情于理都不合适。

无论是因为你觉得长辈不值得尊敬，还是因为你害怕长辈的威严，你的沉默在长辈看来都是示威和轻蔑。如果长辈比较孤独且敏感，你的沉默还可能对他造成伤害。沉默并不能表达你的问候，因此，在任何时候遇到长辈，主动问候都是必需的礼仪。当你偶遇长辈而没有注意到对方时，一定要在发觉后第一时间主动而礼貌地打招呼。即使是在你匆忙赶路或有事在身时，也不要忘了主动向长辈热情地招手致意。

打招呼时，除了语言，还可以借助肢体。如，你可以将一只胳膊举起，掌心向外，左右摇晃手掌；你也可以小幅度、有规律地上下屈伸手指，手势要自然。如果遇到久违的朋友，你还可以举起双手，用力挥舞向对方打招呼。切不可将手插在口袋里与人打招呼。把手插在口袋里打招呼，是轻视别人的表现，是有失礼仪规矩的。手插在口袋里和人打招呼时，除了使用语言，就只能使用眼神和头部动作。试想：一个人傲慢地冲你微笑一下，然后点几下头，如此打招呼是不是很令你失望呢？没有人愿意理会不尊重自己的人。

看似无关紧要的动作，实际上已给别人留下了不懂礼貌的印象。所以，和人打招呼时，一定要用好自己的肢体语言，这样才符合礼仪规矩。

此外，打招呼、寒暄的内容也有学问。一般情况，见面后礼貌地问一声：“您好！”然后，简单问候一下情况，即可进入正式话题，太多的寒暄内容，会让人不胜其烦。如果你们以寒暄为切入点，准备开始一场正式的沟通，那么赶快换个地方，以免泄露隐私。如果遇到许久不见的人，你可以多说几句，但最好不要超过 3 分钟。如果你和对方关系一般，不要询问私密性问题。如果对方很忙，不要刻意地和对方寒暄，简单招招手、点点头、问候一声即可。

与人握手，礼仪规矩要把握

两人相向，握手为礼，是当今世界最为流行的礼节。人们在见面、告别、祝贺、感谢、相互鼓励、久别重逢、赠送礼品时都用握手来表达对对方的感情和态度。不仅是熟人、朋友，就连陌生人、对手，都可能握手。那么，握手有哪些礼仪规矩需要遵守呢？

首先，握手应遵守“尊者优先”的原则。握手是表示友好和问候的一种方式，那么是否谁先伸手就表示谁更讲礼貌呢？不一定。伸手先后顺序应根据握手人双方的社会地位、年龄、性别和宾主身份来确定。一般遵循“尊者决定”的原则，即尊者先伸手。

握手的基本礼节是：在平辈的朋友中，相见时先伸手者为敬；在长辈与晚辈之间、男女之间、上级与下级之间、主人与客人之间行握手礼时，应该是长辈、女士、上级、主人先伸手，晚辈、男士、下级、客人先问候再伸手相握；男女之间，如果女方无握手之意，男方可点头或鞠躬致意——倘

若男方是长辈、上级，先伸手也是可以的。

客人辞行时，应是客人先伸手表示告别，主人才能握手相送。当别人按先后顺序的惯例已经伸出手时，自己应毫不迟疑地立即回握。拒绝别人的握手和对已经表达出来的友好不予理睬，都是极为不礼貌的。

其次，握手要注意场合。握手是一种礼节，但是不看场合握手，就不能说是礼貌之举了。在交际礼仪中，听名人作报告，对方报告完毕，正在喝水解渴，你热情地伸手相握，无疑是对他的不敬；初次拜访别人，对方正在接电话，你迫不及待地与对方握手，显然是对他的打扰；别人双手抱着一堆资料从图书馆出来，你殷勤地伸手与对方握手，明显是给对方出难题；参加社交聚会，看到一个朋友正在和别人交谈，你马上要求握手，一定会被人视为冒犯。握手不看场合会引起误会和尴尬，因此，握手之前一定要事先“观察好形势”，与人握手应选择合适的时间和场合。握手的同时应该看着对方的眼睛，并致以问候。在餐桌上、厕所里以及别人有急事在身时，不要与之握手。

再次，握手要注意身体姿势。一般来说，得体的握手，一定要是站立的姿态。因为坐着握手可以被理解为否定对方，被理解为敌意和轻蔑。坐着与初次见面的人握手，对方会觉得自己不受尊重；坐着与晚辈握手，对方会觉得你自以为是；坐着与下属或客人握手，对方会觉得你装模作样、摆架子。所以，除非你是坐在轮椅上的残疾人，否则，在你坐着的时候有人与你握手时，你一定要站起身来。

同时，不可握着对方的手不放。尤其是一般关系的朋友，会令对方心烦。或者异性朋友，会令对方感到自己受到骚扰。一般情况下，握手要避免时间过长。握手持续 3 秒钟左右就要及时放下。握手的同时，应该露出热情和友好的表情，不要说太多客套话，也不要显得太殷勤、卑躬屈膝。

需要注意的是，握手时要摘下手套或墨镜。戴着手套和墨镜握手，是不礼貌的，也是违背规矩的。在交际礼仪中，如果你的地位高于对方，这样握手是在表示自己身份高贵，不屑与对方接触；如果对方的身份高于你，这样握手是对别人的不敬和戒备。所以，当别人主动伸手与你握手时，一定要摘掉手套和墨镜。如果有特殊情况，一定要事先说明并道歉。当然，在社交场合，女性戴薄纱手套与人握手是被允许的。

最后，不要同时与两人握手。同时与两个人握手，是违背礼仪的。如果两人身份较高，他们都会感到受了冷落；如果他们关系不和，他们会以为你别有用心。记住：一次只能和一个人握手，这是规矩。当你主动与对方握手时，应根据一定次序，如职位、长幼等。如果不清楚握手对象的身份、年龄等具体情况时，可按顺时针次序或从距离自己最近的人开始。

需要提醒的是：与尊长、德高望重者握手，应该使用“奉手礼”。《礼记·曲礼上》说：“**长者与之提携，则两手奉长者之手。**”也就是说，用双手捧握尊长者的手，这是对他们特别尊重的礼节。

与人说话要有物、有序、有礼

人与人相处，说话实在是一门艺术。当你要向人表达意思时，除了文字、肢体动作外，说话也是一种传达工具。但是说话不当、不得体，也容易在语言上伤害别人，造成与人相处的不和谐。因此，如何说话，说话的场合、分寸的拿捏，都是不容忽视的礼仪规矩。

说话要言之有物。交谈的双方，都想通过交谈获得知识、拓宽视野、增长见识、提高水平。因此，交谈要有观点、有内容、有内涵、有思想，而空洞无物、废话连篇的交谈是不会受人欢迎的。没有材料做根据，没有事实做依凭，再动听的语言也是苍白的、乏味的。我们在交谈时，要明确地把话说出来，将所要传递的信息准确地输送到对方的大脑里，正确地反映客观事物，恰当地揭示客观事理，贴切地表达思想感情。

交谈要言之有序。交谈言之有序，就是根据讲话的主题和中心设计讲话的次序，安排讲话的层次，即交谈要有逻辑性、科学性。有些人讲话，一段话没有中心，语言支离破碎，想到哪里就说到哪里，东一榔头西一棒槌，给人的感觉是杂乱无章、言不及意、不知所云。所以，交谈时，先讲什么，后讲什么，思路要清晰，内容要有条理，布局要合理。

交谈时要讲究礼节。交谈时要有礼貌，营造一个和谐、愉快的环境。讲话者，态度要谦逊，语气要友好，内容要适宜，语言要文明；听话者，要认真倾听，不要做其他事情。这样就会形成一个信任、亲切、友善的交谈气氛，为交谈获得成功奠定基础。

主动与人交谈，不随意打断别人的话

在社交场合，不主动与他人交谈就会错过结识很多新朋友的机会；在社交场合，不肯主动与他人交谈就容易“脱离群众”，使朋友、师长不能很好地了解你，从而不能更顺利地开展学习交流；在和同学、朋友私下聚会的场合，不肯主动与他人交谈，会让别人觉得你不合群或脾气古怪，从而也不愿意和你交往。

与人交往，第一印象总是很有影响力的，给人留下了难以接触的印象，想再与之深入交往就会比较难。

显然，当别人主动和你交谈时，无动于衷是不礼貌的。别人主动与你交谈是一种积极友好的表现，在社交场合尤其如此。对他人的主动交谈无动于衷，一种原因是你对主动交谈者不屑一顾，另一种原因是你生性怯懦或多疑，不敢和陌生人交谈。无论什么原因，不回应别人的主动交谈，都会使对方进退两难，遭遇尴尬。所以，对于别人善意的主动搭话一定要积极回应。

不随意打断别人的话，也是为人处世时基本的礼仪规矩。人与人的表达能力和说话速度不同：有的人长篇大论、滔滔不绝，有的人边想边说、吞吞吐吐。如果别人好不容易获得一点灵感，正在陈述他的想法，你的突然打断会使其灵感遭到破坏。人与人说话的态度和语气不同：有的人言辞犀利，有的人言辞谨慎。如果你因为难以接受对方的观点，而随意打断别人说话，会显得急躁、武断、沉不住气。如果你在参加辩论会的时候，急于打断对方的话，可能会给评委留下不好的印象而得到低分。即使你想反驳对方或纠正对方，也不应打断他的话或抢着发言。让别人把话说完，是对对方的尊重和肯定。

所以，与别人谈话时，要给别人说话的自由。如果想插话，应该寻找别人说话告一段落的时机。想要提醒别人或表达看法时，要事先用表情或手势向说话者示意。

保持交谈距离，交谈态度要真诚

交流的目的，通常是与他人沟通思想或情感。要达到这一目的，首先应注意说话的内容，至少要做到词能达意；其次，还需注意与对话者保持适当的距离。

从礼节的角度来看，交谈时与对方离得过远，会使对话者误认为你不愿向他表示友好和亲近，甚至是在嫌恶他，这显然是失礼的。然而，如果在过近的距离与人交谈，稍有不慎就会把唾沫溅到别人的脸上，这是最令人讨厌的。有些人，会用手掩住自己的口，再凑过去与人说话，这样做形同“交头接耳”，样子比较难看，也不太大方，从礼仪规矩的角度来说也不可取。如果对方是位异性，这样做就更不合适了。

一般来说，两个人交谈的最佳距离为 1.3 米；最好有一定角度，两人可斜站对方侧面，形成 30 度角为最佳，避免面对面。这个距离和角度，既无疏远之感，又文明卫生。

真诚是做人的美德，也是交谈的原则。交谈双方态度要认真、诚恳，有了直率诚笃，才能有融洽的交谈氛围，才能奠定成功交谈的基础。认真对待交谈的主题，坦诚相见，直抒胸臆，不躲不藏，明明白白地表达各自的观点和看法。“出自肺腑的语言才能触动别人的心弦”，真心实意的交流是自信的结果，是信任别人的表现。只有用自己的真情激起对方感情的共鸣，交谈才能取得满意的效果。

此外，与人交谈期间无故离开也是不礼貌的。与人交谈时突然离开且不打招呼，会让人误以为自己说了什么话得罪了你，或做了其他不合适的举动，让你不屑于参加交谈。与长辈交谈过程中，突然不打招呼就离开，是对长辈明显的不敬；即使面对晚辈和陌生人，毫无征兆地突然离开，也会让人感到莫名其妙。所以，交谈过程中忌讳中途离场。若有特殊情况，应向对方表示歉意后再离开。

此外，与人交谈，不要说脏话。在大街上说脏话，会让你仪态尽失，给人以没有教养的印象；在长辈面前说脏话，会让对方认为你不把他放在眼里；在异性面前说脏话，会将对方置于尴尬的境地；在学校里说脏话，会“污染”校园环境；在外宾面前说脏话，会让对方质疑中国国民的素质。总之，在任何场合、任何时间，面对任何人，口吐脏话都会让别人鄙视，是违背礼仪修养的。

适度赞美别人，恰当表达意见

交谈是双方思想、感情的交流，是双向活动。要想取得满意的交谈效果，就必须顾及对方的心理需求。交谈中，得到尊重是任何人都希望的，也是交往的基本规矩。所以，交谈双方无论地位高低、年纪大小，在人格上都是平等的。切不可盛气凌人、自以为是、唯我独尊。因此，谈话时，要把对方作为平等的交流对象，在心理上、用词上、语调上，体现出对对方的尊重。尽量使用礼貌用语，谈到自己时要谦虚，谈到对方时要尊敬，包括适度赞美别人，也是交谈的学问。

一般说来，赞美要有具体的指向，让对方能感到受之无愧。而抽象的赞美，缺少特指意义，可以用在任何人的身上，有寒暄客套之嫌，难以使人产生特别的激动之情。同时，赞美用词应恰当准确，有分寸感，不要夸大其词，要避免使用“最最”“绝对”“举世无双”之类的极限性词汇。例如，对做出一些成绩的人赞美说：“你真伟大！简直无与伦比！”这样的赞美不但不会使人高兴，反而使之感到尴尬，进而怀疑你不真诚，甚至是在讽刺挖苦他。因此，赞美之言不能滥用，应点到为止。过度的赞美一旦变成吹捧，赞美就失去了积极意义，在人们心中你就成了阿谀奉承、溜须拍马的人。

同时，与人交流中难免会出现意见不一致的时候。假如你只知道自顾自地喋喋不休，全然不顾他人的感受，对方就会认为你是一个狂妄自大的人而不愿与你交往，甚至有人会被争论时的过激言语刺伤自尊心，从而引起双方的矛盾。因无关原则的争论而失去了朋友，这实在令人觉得可惜。此外，遇到重要问题时，也要表达自己的意见，包括具体的建议和措施，这能充分传达你的思想及价值观。有时候，适当表达自己的意见，不但不会破坏你在他人心中的地位，还会让他人对你产生敬佩之情。

当然，任何事情都要有度。尤其是强行让别人接受自己的意见，就是蛮横的行为。强行让别人接受自己的意见，是不考虑他人的感受、不为他人着想的表现。上级和长辈这样做是仗势欺人，亲朋好友这样做是强人所难，陌生人这样做是多管闲事。强行让别人接受自己的意见是在搞“一言堂”，就算别人当下表示赞同，内心也是不服气的。每个人都有自己的思维习惯和价值判断，这是人性心理。想让别人接受自己的意见，应有理有据地表达，并耐心与对方沟通，采用交换意见的方式，这样就容易让别人接受。

与人打电话先问好，选择合适时间

日常见到尊长好友时要问好，打电话时，也同样要用礼貌用语。例如电话接通后，首先要说问候语“您好”，然后报上自己的姓名。很多人打电话时，认为彼此是熟人，既不问好，也不自报姓名，还让对方“猜猜看”，甚至说：“我啊！你怎么连我的声音都听不出来啊？”《弟子规》说：“**人问谁，对以名；吾与我，不分明。**”何况，电话里的声音和平日不同，如果不经常电话沟通，对方真的不知道是谁，会感觉莫名其妙。这种行为既是对别人的不尊敬，也是违背礼仪规矩的。如果对方是尊长，还要采用合适的称呼敬称对方，并说“打扰您了”等礼貌用语。然后再简洁明了地说清目的，避免东拉西扯，没有一句正题或正事。

给人打电话时，特别是与尊长或贵宾通电话时，除了礼貌用语，还要把握合适的时间。早上 8 点前不打电话，下午 6 点后不打电话。如果与对方不是特别熟悉或自己有急事，除工作时间外尽量不打电话，午休时不打电话，就餐时不打电话。如果对方是在职人员，自己的话题是私事，工作时间

尽量不打电话。商务宴请时，没有急事不打电话。家里有客人正在说话时，不长时间打电话，特殊情况与客人说明。此外，私人电话最好在家里打，工作电话在单位打。这些都是打电话的基本礼仪规矩。

随着网络的发展，从打电话、发短信，到用QQ和微信等发信息、语音留言、发视频和视频对话，我们与人联系的方式越来越多样化、越来越先进。所以，这些联系他人的方式，也是有礼仪规矩的。

使用电话、微信等与人通话，电话接通后不问对方是否方便，就自顾自讲话，必然会造成“不方便”。对方正在开会，你接通电话后不问对方是否方便就开始聊天，会让对方很尴尬；对方正在上课，你接通电话后不问对方是否方便，对方就会耽误学生的时间，造成“教学事故”；对方是一个正在准备为病人做手术的医生，你接通电话后不问是否方便，对方就容易分心，影响工作。所以，接通电话后首先应该问对方是否方便接听，这是基本的规矩。如果对方不便接听，应另约时间通话，立即挂断电话。

此外，与不太亲密或不太熟悉的朋友通话，突然给人发语音，会显得非常突兀，是不礼貌的行为，尤其贸然和他人视频通话，就更不得体了。因为视频会暴露隐私，给对方造成不便。所以，如果必须用发语音、开视频的方式联系他人，一定要事先征得对方的同意。同时，在征得对方同意与人视频通话后，要注意你传给对方的画面是什么样的。衣冠不整时，不要和人视频通话；在房屋内室的床上、在浴场、在厕所以及嘈杂的地方，不要与人视频通话。所以，与人视频交谈时，要衣着整齐，面向对方保持微笑，将自己的半身头像对着对方就可以了。对方没有合理的特殊要求，不要将摄像头对着其他场景，让对方看到不该看到的场景。

接听电话要及时，挂断电话有学问

与人交往时要说话谦和，彬彬有礼，接听电话也是如此。

如果有电话打过来，要及时接听。这是对别人的尊重，也会给对方留下好印象，否则就会有失礼仪。一般来说，电话铃响 3~6 声接听，超过 6 声后就应道歉："对不起，让您久等了。"如果受话人不方便接听，代接人应妥为解释。

电话交谈结束时，应等尊长先挂电话后自己再挂，这是对尊长的敬重。或打电话的一方提出，请尊长先挂电话，然后彼此客气地道别，说一声"再见"，等对方先挂后自己再轻轻挂断。如果对方也在等你挂电话，不妨停留片刻之后再挂电话。千万不要自己说完话就挂电话，突然挂断电话，会让人丈二和尚摸不着头脑，感觉莫名其妙。如果因为线路问题导致电话突然断掉，应该及时回拨并向对方道歉。

如果自己拨通电话后，话筒里却传来陌生人的声音，经过再三询问后才发现自己拨错了电话，要真诚地向对方表示歉意，请别人谅解并让对方先挂电话，因为自己的疏忽打扰别人了。如果别人不小心拨错你的电话，要态度温和地对待对方，切不可抱怨、责怪对方。

同时，漏接亲人、朋友、领导、同事等的电话后要及时回拨，这是基本礼仪。很多人说，对方只要有急事，会再打过来的，这种态度是不对的。漏接电话而不及时回拨，说明自己对对方不上心，对来电者缺乏热情和敬重。当然，现代社会有很多陌生的骚扰电话、推销电话，应区别对待。别人打电话没有及时接听，要及时回拨给对方，郑重道歉并询问对方有什么事情，是否还需要帮助，这是对人对事的恭敬之心。

探望慰问的礼仪规矩

当身边的亲人或朋友遭遇生病等不幸的时候，我们往往会带上礼物，及时地给予探望慰问，表示关心，对他们进行安抚和问候，力求使对方的心情稳定或者安适。探望、慰问是人之常情，也是一种礼节。但是，探望慰问时，一定要避开禁忌的雷区，否则，你会因为失礼而让对方不愉快。

先问清情况再慰问。探病是为了表示对病人的关心，但不事先问清情况就探问，有百害而无一益。如果病人刚做完重大手术，急需静养，你前去探视只能给病人徒增负担，对其康复毫无益处；如果病人处于昏迷或危重状态，随时都需要医护人员的严密看护，你前去探视是对治疗工作的妨碍；如果你去探望时，正赶上病人休息或接受治疗，必然会打乱病人的正常作息。

探望病人前，不将情况了解清楚就贸然前往，既耽误自己的时间，又对病人不利，甚至可能引起病人家属的反感。所以，探病前应问清楚医院允许探视的时间，以及病人的病

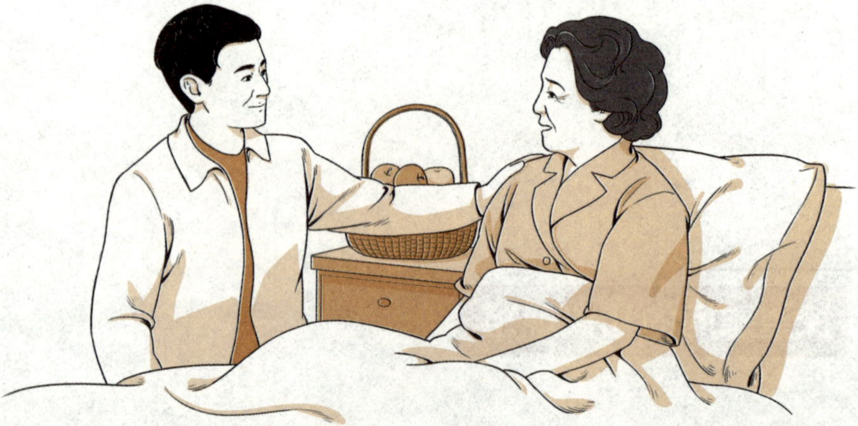

情、作息规律。如果病人情绪不稳、心情烦躁，需要独处，或者需要隔离观察或治疗时，则不应强行探视。

有些病人，探望时要避讳详问病情。比如有些严重的恶疾，病人是忌讳讨论病情及治疗方案的，包括家属有可能会隐瞒病人，不希望给病人带来压力。这时，探望人对病人表示关心即可，态度应与其未生病时一样。见到病人时，也不要做出惊讶、担忧的表情，以免加重病人的心理负担。

所以，看望不同的慰问对象，应奉上相应的慰问语。慰问时态度要诚恳，语言要得体。对慢性病患者，应劝其不急不躁，安心调养。可以说“既来之则安之”“病来如山倒，病去如抽丝”。对惧怕手术者，重在鼓励其勇气，如“手术只是微创。这是全市最好的医院，手术将由著名专家亲自操刀。不要怕，父母都在你身边”。慰问危重病人，重在安抚，不可添堵、添乱。例如，不在病人面前谈论其真实病情，也不要与他人小声嘀咕。可偏重于饮食起居的问候，讲病人爱听的话题。另外，对临终者应尽量满足其要求、愿望，例如想吃什么，想见什么人等。

慰问亡者亲属，应侧重于疏导思念亲人之苦，引导其多想、多看未来。要说像“过去的事已经不能复返，再难过也无济于事”“节哀顺变，未来的路还很长，还有好多事等待着你去做”“不要总是一个人待在家里，多同亲戚朋友走动走动，尽快从阴影中走出来”等。

慰问失败者、失意者，要开导他们不灰心、不抱怨，总结经验,吸取教训,树立信心,自强不息,再接再厉。要说像“留得青山在，不愁没柴烧”“在哪里跌倒，就从哪里爬起来”等话语。

慰问贫困者、受灾民众，应及时救援，在提供物质、财政支持的同时，鼓励他们增强信心，战胜困难，不等不靠，自力更生，重建家园。同时强调，国家、各级政府和社会各界是灾区人民的强大后盾，在各方大力支援下，灾区会建设得更美好。

慰问对社会有贡献者，应抱着虚心求教的态度，强调学习、发扬他们的拼搏和奉献精神。

慰问别人时，还要配合恰当的表情。也许有的人天生喜怒不形于色，但慰问别人时，如果面部表情不配合，就容易引起对方的误解。别人生病了，你的表情却显得冷漠无情，对方一定怀疑你是否真心；同学考试失利了，你却一直保持事不关己的表情，对方一定怀疑你的动机；别人家里遭遇变故，你却一直面带微笑，对方一定会认为你在幸灾乐祸。所以，慰问别人时，不仅言语要真切中肯，面部表情也要与场景相符合，与当事人的心情吻合。

这些都是探望、慰问别人时应该遵循的礼仪规矩。

在网络空间发布信息要守规矩

网络是一个虚拟的世界。很多时候，虽然同在一个“空间”，但是可能谁也不认识谁。例如在一些公共网络空间里面，大家可能都可以通过博客、微博或社区网络论坛对某件事发表自己的看法。那么，在这样相互都不认识的虚拟空间，也不能无视礼仪的存在。否则，轻则招人厌恶，重则还会被依法处置。那么，在网络上发布信息需要遵守哪些礼仪规矩呢？

在发布信息时，一定要遵守道德原则，不要把不良信息带入网络中。不要随意发布一些未经证实的虚假信息，尤其是虚假的恶劣的社会事件蛊惑人心；禁止谩骂别人，学会尊重别人；不要因为私人问题，在网上发布一些诋毁他人名誉的信息；还包括自觉抵制低俗的内容等。

随着信息技术的发展，网络也是人与人交流的一个重要场所。不能因为交流的场所变了就不顾及礼仪了。相反，在网上有失礼仪，造成的影响会更大。所以，网上发布信息更要守规矩。

把握微信群里的礼仪规矩

随着微信的广泛使用，几乎人人都有微信群。有的人甚至有很多个群：亲戚群、朋友群、同学群、社区群，等等。但是，微信群是一种群体社交圈，与实际社交是一样的，也是要讲礼仪的。

在微信群里要尊重法律和群规，违法的话坚决不能说，谣言千万别传。有人说："我也不知道是谣言，我也是转发别人的。"正因为不知道是否为谣言，所以所有未经证实的信息都不要在微信群传播。

特别需要提醒，被群友忽视的礼仪规矩是：尊重别人发言，不要随意打断别人的话。我们经常发现，当群友之间有需要解决的事情而互相交流的时候，突然有人插入一个链接，或者突然插入一篇长文和图片，这就打断了别人说话。在群里交流时，要善于观察别人之间的交谈，在别人相对空闲的时候，可以转发或者发布自己的一些美图美文等。如果是学生班级群，还要注意老师发的重要信息提示，尽量不要覆盖，更不要随便插入个人的消息，否则就淹没了老师的重要提示，让很多家长无法查阅。

同时，由于每个人思想不同，处事方式不同，在微信群里聊天，更要注意文明用语，尤其看到不同或相左观点时，不要口出狂言，甚至谩骂对方，这是为人基本的礼仪规矩。

此外，尽量不要在微信群发语音。微信群是一个集体空间，群友多数不是一个人独处，有时候听你的语音会影响到其他室友或周围的人，因而有的语音会被其他人忽视。看文字就不同了，自己看自己的手机，不会影响第三方。

任何事物，无规矩不成方圆。所以，作为微信群群主，也应该在建群时立下规则，明确禁止发布不良信息、互相谩骂以及违反国家法律等内容。

网上购物的礼仪规矩

如今，网购的人越来越多，小到日常用品，大到家具、家电，人们都可以在网上购买。网购已经成为人们日常生活中重要的购物方式。网上购物同其他商品交易一样，也是应该恪守社会公德、讲究礼仪规矩。

选择正规平台店铺。要想在网购时买到正品，第一种方法是选择耳熟能详的、正规的购物平台。大平台购物流程设计完善，质量监督也有保障，能够让人买得放心。第二种方法是选择代理商代营店。有些品牌会授权给第三方经营，也就是我们平时说的代理商。

咨询客服措辞要得体。购买商品前需要和客服沟通商品情况。顾客咨询客服要去除自大的心态，不能因为自己是买方而显得不可一世，也不能因为客服的回答让自己不满意而讽刺和挖苦对方。询问时要有礼貌，态度要平和，措辞要得体，应当用准确简洁的语言向客服说明自己的问题或者麻烦。不能表现得不耐烦。要时时确认客服是否知道自己表达的意思，不能只顾自己说个不停，要随时注意客服的反馈。要知道，尊重他人是一个人基本的行为准则，同等的尊重才能换来别人的尊重。

确保收货地址准确。网购后一定要填写详细有效的收货地址。这不仅给自己接收货品提供方便，而且也是对店家的一种尊重。如果地址填写错误，会给快递员带来许多不必要的麻烦。通常的做法是登录购物网站，在导航栏里选择“账户设置”，在下拉列表中选择个人资料，点击“收货地址”，如实填写即可。

现场查验明确责任。网购一旦买到假货，消费者的权益就很难得到有效保障。为了及时维权，收件人现场查验快递，就成为必不可少的一个环节。现场查验快递要当着快递服务人员的面拆封，首先要看外包装是否破损，其次要检验货物的配件是否齐全。发现有问题的产品，消费者可保留好相关证据，及时拨打 12331 或 12315 投诉。根据相关法律的规定，消费者除要求赔偿损失外，还可以向生产者或者销售者要求支付一定数额的赔偿金。

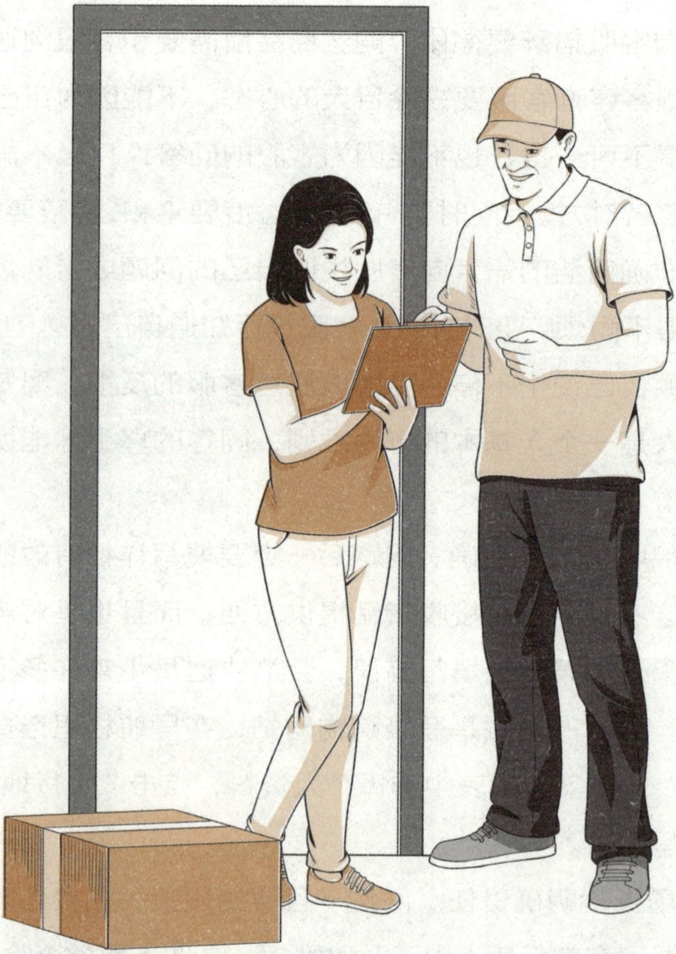

收到快递要礼貌道谢。快递员作为与消费者联系紧密的网购环节，其重要性不言而喻。身处劳动密集程度较高的行业，他们的工作强度很大。他们是商品的传递者，负责及时安全地把商品交给我们。作为有礼貌的收件人，大家收到快递时，对快递员微笑，道声感谢，感谢他们的辛苦付出。这不仅体现了我们做人的修养，更是在向全社会传递正能量。

确认收货并客观评价。网购商品收到后，应及时检查，然后确认收货，在使用后给予客观的评价，让其他购买者可以有一个参考，与人方便，与己方便。如果商品及物流服务确实不错，我们理所当然要给出“好评”。但产品质量及物流服务确实很差，我们无疑会给出“差评”。客观评价，不但可以积累自己的经验，同时也能在网上获得他人的认可、肯定。

退货注意事项。网购之后，有时难免因为种种原因而退货。退货时，要注意附带原购物平台出具的销售凭证或发票。很多商家，在退货的规定中，明确要求顾客提供相关凭证。在实际生活中，许多人在购物后，总是觉得商品外包装没用，很快就扔掉了。可是在退货时，很多商品都需要顾客提供原包装，如礼品盒、电器包装盒、鞋盒等。因为一些商品可以因质量问题向厂家退货，而附带的包装盒在退货过程中是可以继续使用的，如果没有原包装，商家也很难向厂家退货。因此，退货时提供原包装也是一种基本的礼仪。

需要注意的是，食品一般是不能随意退货的。尤其是那些有严格保质期或包装被拆过没办法再复原的食品，更是不能退货。了解了这种常识，如果你购买了某种食品，如果不是因为质量问题或超过保质期，就无法正常退货。如果明知不能退货的商品，却要求商家强行退货，或者以给差评为要挟的，是严重违背礼仪的行为。

参加婚礼须知的礼仪规矩

举办婚礼的意义在于被社会所接受、完成心愿、融合家庭、传承文化、增加婚姻的仪式感，更是为生活留下美好回忆。参加婚礼有哪些要注意的礼仪规矩呢？

收到邀请喜帖后要即时作出回应。收到喜帖邀请函后，受邀者要马上打电话或是回函给对方，别忘了要先道声“恭喜”，然后再告知对方是否出席，方便对方掌握正确的出席人数。祝贺的礼金红包上，要写上祝贺的话及姓名落款，常用的祝福语有：心心相印、永结同心、百年好合、花好月圆、珠联璧合、天缘巧合、郎才女貌、天赐良缘、白头偕老等。

准时到达现场。得知婚礼举办的准确时间以后，宾客参加婚礼这天，应该提前半小时至一小时到达现场，有婚庆仪式或相关节目，还要再提前一些到场。如果临时有事会迟到

或早退，要事先通知对方。迟到时不要自行进入婚礼现场，最好让接待人员领你进去。如果临时有事要早退，最好等主人、主宾都致辞完毕后再走。离开时不需要再跟新郎、新娘打招呼，但要跟同桌的相邻客人打招呼，这是最基本的礼仪规矩。

注意穿正装。婚礼是人生比较庄重的仪式，参加婚礼要穿什么衣服，虽然没有特定的要求，但最好穿正装。正装就是正式场合的装束，而非娱乐和居家环境等日常的装束。正装通常以唐装、旗袍、西服为主，也可以选择其他正式服装，忌随意穿搭，尤其不能穿着居家服、背心、短裤参加婚礼，这是很不得体的。

参加葬礼须知的礼仪规矩

人生在世，生老病死在所难免，每个人都无法逃避。而举行葬礼，正是人们对死者吊唁和缅怀的一种隆重仪式，它既能表达人们对去世之人的尊重，也是在世之人与去世之人的最后告别，所以丧葬礼是中国传统非常重要的礼仪。因此，参加葬礼的很多规矩，不能违背。

首先，服装要庄严、沉稳，忌穿戴艳丽。一般来说，参加葬礼的服饰应以素雅为主，男女最好选择黑色衣服，或者选择灰、蓝等深色的服装和鞋帽。很多地方的风俗，亲朋好友还要穿孝服，即“素缟麻衣”。忌穿颜色艳丽的衣服和鞋帽，或运动服、休闲服，忌配以颜色鲜艳的包、围巾、口罩等。女士忌浓妆艳抹，尽量选择佩戴素雅的首饰。

其次，不要迟到。逝者为大，参加葬礼，务必要准时到达现场，切忌迟到，这是对逝者最基本的一种尊重。因此，

为了避免迟到，参加葬礼时要安排好行程，提前半小时出发，提前到达。如果因各种突发情况实在避免不了迟到，切记不要向主人解释迟到理由。进入葬礼现场后应低调行事，不要做出任何让人反感的举动。到达葬礼现场之后，对死者家属进行适当的慰问，是基本的礼仪行为。

再次，注意言行举止。葬礼，通常是平静、肃穆地送逝者最后一程。因此参加葬礼，切忌嬉笑打闹、大声喧哗、大声打电话、与熟人勾肩搭背等行为。为逝者行礼时，应主动服从司仪人员口令和指挥，按次序排队，自然地寻找站立处。尊重逝者当地风俗习惯和家属意愿，这是对逝者的一种基本尊敬。

另外，准备一份礼金及祭品。一般参加葬礼的人，都会准备一份礼金及祭品，这是自古以来的传统习俗。这样既表达了自己吊唁亡者的一份心意，也能帮助逝者家属减轻了一部分经济负担。需要注意的是，礼金的数额，通常取决于送礼者与逝者关系的亲疏远近。一般而言，两者关系越近，礼金数额也就越高。不过，这只是一般的参考标准，并非约定俗成的硬性规矩，送礼者完全可以依照自己的心意来决定礼金数额的多少。礼金不能用红纸包装，最好用白色或素色纸封包好，在封皮上写上“奠仪”之类的黑字，并署名。祭品包括花圈、花篮、挽联等物品。

此外，手机要调成静音或振动。葬礼营造的是一种严肃、凝重的氛围。当所有人都沉浸在悲痛之中时，如果手机铃声突然响起，会打破这种肃静的氛围，引起丧家及其他人的厌恶。所以，参加葬礼时，最好将手机调成静音或者震动模式，避免破坏气氛。

同时，不要谈论是非，不要与他人发生冲突。不管参加葬礼的人与逝者的关系如何，葬礼上都应该严肃认真对待，不要惹是生非，不要与他人起纠纷，尤其与丧家有矛盾时，更不能在此时、此场合下提出，这是对逝者及其家属基本的尊重，也是葬礼上必须遵守的做人的规矩。